"落实必备知识 提升关

TANSUO SHIJIAN CHUANGXIN
——HUAXUE SHIYAN

探索 实践 创新
——化学实验

高从俊　王　勇/主编

电子科技大学出版社
University of Electronic Science and Technology of China Press

·成都·

图书在版编目（CIP）数据

探索 实践 创新：化学实验 / 高从俊，王勇主编.
成都：成都电子科大出版社，2025. 4. -- ISBN 978-7
-5770-1473-9

Ⅰ. G633.83

中国国家版本馆CIP数据核字第2025DK4559号

探索　实践　创新——化学实验

TANSUO SHIJIAN CHUANGXIN——HUAXUE SHIYAN

高从俊　王　勇　主编

策划编辑　李春梅　张　鹏
责任编辑　张　鹏
责任校对　韩　昊
责任印制　段晓静

出版发行　电子科技大学出版社
　　　　　成都市一环路东一段159号电子信息产业大厦九楼　邮编 610051
主　　页　www.uestcp.com.cn
服务电话　028-83203399
邮购电话　028-83201495

印　　刷　成都新恒川印务有限公司
成品尺寸　170 mm×240 mm
印　　张　14.25
字　　数　348千字
版　　次　2025年4月第1版
印　　次　2025年4月第1次印刷
书　　号　ISBN 978-7-5770-1473-9
定　　价　68.00元

编　委　会

主　编　高从俊　王　勇

副主编　郑　莹　李　俊

编　委　黄　柳　李加霞　张家萌　曾广勇　陆　尧　何岸梅

　　　　李仁春　杨　媚　彭国娟　刘芷辛

前　言

化学千变万化，实验探秘究理。

化学实验是研究和学习物质及其变化的基本方法，是进行科学探究的重要途径，是提升学生高阶思维能力的有效手段，是培养创新人才的重要载体。实验教学是国家课程方案和课程标准规定的重要教学内容，也是本轮课程教学改革亟待攻坚的问题之一。

为探索变革教师实验教学行为和学生学习方式，高从俊、王勇两位老师带领团队聚焦实验教学这一重难点问题，围绕提升学生的观察能力、动手实践能力、创造性思维能力和团队合作等关键能力，依据新课标，依托新教材，围绕安全教育、实践操作、探索求知、创新创造等关键环节，开展了系列实验教学研究。

《探索　实践　创新——化学实验》是该团队近年研究的重要成果，本成果重点是改变学生在实验中注重动手但缺少思考的现状，强调高阶思维过程，对培育学生的兴趣爱好、创新精神、科学素养等方面有着积极推动作用。本成果具有以下几个重要特点：

1. 对标梳理，教材实验体系化。

依据新课标，按照大单元教学设计方式系统整理了普通高中化学教材的实验（2019年人教版），凸显了化学实验在构建化学主干知识中的重要作用。

2. 夯实双基，实验内容全覆盖。

以图表形式，对实验内容（实验目的、实验用品、实验安全、实验原理、实验步骤、数据处理、实验结论、讨论评价、反思优化等）进行系统化、规范化整合，更好地提升学生的实验观察、记录分析等能力。

3. 精准训练，关键能力促提升。

以必备知识为基础梳理实验原理，对比分析相似或易混实验，精准掌握化学实验关键能力。整合近年高考真题，由易到难逐个突破实验重点、难点，帮助学生提升关键能力。

4.改进创新，科学思维促发展。

在教材实验基础上进行实验改进，创新性实验、非常规实验装置的呈现，帮助学生跳出定式思维、打破常规，发展独立思考、自主思辨能力。

期待两位老师所带团队的研究成果能为中学化学实验教学改革重难点攻坚，积极推动中学实验教学质量的提升。

四川省教育科学研究院

2024年8月4日

目 录

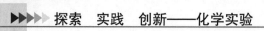

第1实验单元 必修1第一章 物质及其变化

1. P9【实验1-1】氢氧化铁胶体的制备与性质

【实验目的】

1. 制备氢氧化铁胶体。

2. 验证氢氧化铁胶体的性质。

【实验用品】

药品：饱和氯化铁溶液、蒸馏水、硫酸铜溶液。

仪器：三脚架（或铁架台）、陶土网、酒精灯、小烧杯、胶头滴管、量筒。

【实验安全】

热烫：实验中会涉及加热操作，或用到温度较高的仪器，用适当的工具进行操作，以防直接接触。

【实验步骤】

实验操作	实验现象	实验结论
（1）量取40mL蒸馏水，倒入100mL小烧杯中，随后点燃酒精灯，加热蒸馏水至沸腾，滴入5～6滴饱和氯化铁溶液，继续煮沸至溶液变成红褐色，然后熄灭酒精灯、停止加热，静置一段时间后，观察其与氯化铁外观的差异。	经观察发现_____。	饱和氯化铁溶液在沸水中发生水解，生成了氢氧化铁胶体。
（2）取40mL硫酸铜溶液注入到另一个100mL的小烧杯，将两只盛有溶液的烧杯放在暗处，分别用红色激光笔照射烧杯中的液体，在与光线垂直的方向观察烧杯内的变化。	盛有氢氧化铁胶体的烧杯中_____；盛有硫酸铜溶液的烧杯中_____。	胶体在光束照射下可以产生一条光亮的通路，而溶液则不具备这一性质。

【反思与讨论】

1. 在本实验中，能否使用稀的氯化铁溶液来制备氢氧化铁胶体？请说明理由。

2. 在本实验中，能否直接加热盛有饱和氯化铁溶液的试管？请给出原因。

3. 在本实验中，能否在溶液变为红褐色后继续加热？为什么？

4. 在本实验中，能否用自来水替代蒸馏水？为什么？

5. 请写出实验过程中涉及的化学反应方程式。

【实验评价】

本实验为定性实验，旨在验证氢氧化铁胶体的生成。然而，实验存在两个主要缺点：一是通过水解法所制备的胶体若用于电泳实验，需经过长时间的渗透纯化以去除多余的电解质杂质；二是氯化铁溶液的浓度过低或滴加速度过快，以及沸腾时间过短，都可能导致水解不完全，进而影响后续实验现象的显著性。

【实验疑惑】

1. 请描述如何配制氯化铁、硫酸铝等易水解的盐的水溶液，并解释这样操作的目的。

2. 氯化铁、硫酸铁的水溶在液蒸干灼烧后，能否得到干燥的原固体？请说明原因。若想得到干燥的原固体，应如何操作？

3. 若把实验中的蒸馏水替换为氢氧化钠溶液，还能否成功制取氢氧化铁胶体？其原因何在？

【必备知识】

1. 分散系的对比分析：涉及分散质粒子直径特性、稳定性、透过性及常见物质等多个维度。

2. 方法探究

（1）确定胶体的判定本质：即依据胶体粒子的直径来进行判定。

（2）区分胶体和溶液的方法

① 根据分散质微粒直径的大小来区分。② 根据有无丁达尔效应来区分。

（3）涵盖 $Fe(OH)_3$ 胶体的制备方法及其性质检验。

【关键能力】

【基础】 实验操作与目的一致性

1.[全国高考]下列实验操作能达到实验目的的是（　　）

选项	实验目的	实验操作
A	制备 $Fe(OH)_3$ 胶体	将 NaOH 浓溶液滴加到饱和的 $FeCl_3$ 溶液中
B	由 $MgCl_2$ 溶液制备无水 $MgCl_2$	加热蒸干 $MgCl_2$ 溶液
C	除去 Cu 粉中混有的 CuO	加入稀硝酸溶液后过滤、洗涤、干燥
D	对比水和乙醇中氢的活泼性	在烧杯中分别加入少量钠，并加入水和乙醇进行观察

【基础】实验设计与评价

2.[2021·山东]（双选）为完成下列各组实验，所选玻璃仪器和试剂均准确、完整的是（不考虑存放试剂的容器）（　　）

选项	实验目的	玻璃仪器	试剂
A	配制 100mL 一定物质的量浓度的 NaCl 溶液	100mL 容量瓶、胶头滴管、烧杯、量筒、玻璃棒	蒸馏水、NaCl 固体
B	制备 $Fe(OH)_3$ 胶体	烧杯、酒精灯（用于加热）、胶头滴管	蒸馏水、饱和 $FeCl_3$ 溶液
C	测定 NaOH 溶液的浓度	烧杯、锥形瓶、胶头滴管、酸式滴定管	待测 NaOH 溶液、已知浓度的盐酸、甲基橙指示剂
D	制备乙酸乙酯	试管、量筒、导管、酒精灯	冰醋酸、无水乙醇、饱和 Na_2CO_3 溶液

【基础】物质的组成、性质与分类

3.下列叙述正确的是（　　）

A.[重庆]浓氨水中滴加 $FeCl_3$ 饱和溶液可制得 $Fe(OH)_3$ 胶体

B.[江苏]明矾溶于水产生 $Al(OH)_3$ 胶体：$Al^{3+}+3H_2O\!=\!=\!=\!Al(OH)_3\!\downarrow+3H^+$

C.[2017·天津，1B]用可溶性的铝盐和铁盐处理水中的悬浮物

D.[重庆]沸水中滴加适量饱和 $FeCl_3$ 溶液，形成带电的胶体，导电能力增强

学生自我评价表			
知识清单	评价内容	分值	自测得分
化学方程式	我是否知道制备氢氧化铁胶体的化学方程式？	2	
试剂浓度要求	所加氯化铁浓度有什么要求？	2	
试剂加入及停止加热的时机	我是否知道什么时候加入药品？是否知道什么时候停止加热？	3	
区分溶液和胶体的常见方法	我是否会用丁达尔效应区分胶体和溶液？应当如何以文字的方式表达出来？	3	
总分		10	
对本课时内容学习的自评：			

2. P14【实验1-2】 电解质的导电实验

【实验目的】

1. 掌握测定溶液导电性的实验方法。

2. 通过实验认知电解质的电离。

【实验用品】

药品：氯化钠晶体、硝酸钾晶体、蒸馏水。

仪器：小灯泡、石墨电极、玻璃棒、滤纸、电源、烧杯、导线。

【实验安全】

温馨提示：浓硫酸、乙酸易腐蚀皮肤，使用时注意防腐蚀。

【实验步骤】

实验操作	实验现象	实验结论
(1)在三个烧杯中分别加入干燥的NaCl固体、KNO_3固体和蒸馏水，如图1-9所示连接装置，依次将石墨电极放入三个烧杯中，分别接通电源，观察并记录现象。	放NaCl固体时的现象：_____； 放KNO_3固体时的现象：_____； 放蒸馏水时的现象：_____。	干燥的NaCl固体、KNO_3固体和蒸馏水均无法导电。
(2)取上述烧杯中的NaCl固体、KNO_3固体各少许，分别加入另外两个盛有蒸馏水的烧杯中，用玻璃棒搅拌至固体完全溶解。如图1-9所示，依次将石墨电极放入NaCl溶液、KNO_3溶液中，分别接通电源，观察并记录现象。	NaCl溶液的现象：_____；KNO_3溶液的现象：_____。	NaCl固体、KNO_3固体所配制的水溶液可以导电。

【反思与讨论】

1. 为什么湿手操作电器设备时容易发生触电事故？

2. 氯化钠、硝酸钾等电解质在固态时不导电，为什么溶于水或熔融时能导电？

3. 请写出实验过程中相关的电离方程式。

【实验评价】

本实验为定性实验，通过观察 $NaCl$ 溶液、KNO_3 溶液时灯泡是否产生亮光，判断其导电性。

【必备知识】

1. 电解质和非电解质的分类及常见实例。

2. 电解质和非电解质的对比。

3. 强电解质和弱电解质的对比。

4. 电解质的电离及电离方程式的书写规则。

【关键能力】

【基础】 物质的组成、性质与分类

1. [2022.1·浙江]下列物质属于非电解质的是（　　）

A. CH_4 　　　　B. KI 　　　C. $NaOH$ 　　　D. CH_3COOH

2. [四川高考]下列物质分类正确的是（　　）

A. SO_2、SiO_2、CO 均为酸性氧化物

B. 稀豆浆、硅酸、氯化铁溶液均为胶体

C. 烧碱、冰醋酸、四氯化碳均为电解质

D. 福尔马林、水玻璃、氨水均为混合物

3. [北京高考]下列示意图与化学用语表述内容不相符的是（水合离子用相应离子符号表示）（　　）

A	B	C	D
$NaCl$ 溶于水	电解 $CuCl_2$ 溶液	CH_3COOH 在水中电离	H_2 与 Cl_2 反应能量变化
$NaCl =\!=\!= Na^+ + Cl^-$	$CuCl_2 =\!=\!= Cu^{2+} + 2Cl^-$	$CH_3COOH \rightleftharpoons CH_3COO^- + H^+$	$H_2(g) + Cl_2(g) =\!=\!= 2HCl(g)$ $\Delta H = -183kJ \cdot mol^{-1}$

【综合】探究性综合实验

4. [2021·广东·节选] 含氯物质在生产生活中有重要作用。1774年，舍勒在研究软锰矿（主要成分是 MnO_2）的过程中，将它与浓盐酸混合加热，产生了一种黄绿色气体。1810年，戴维确认这是一种新元素组成的单质，并命名为 chlorine（中文命名"氯气"）。

（4）某合作学习小组进行以下实验探究。

①实验任务。通过测定溶液电导率，探究温度对 AgCl 溶解度的影响。

②查阅资料。电导率是表征电解质溶液导电能力的物理量。温度一定时，强电解质稀溶液的电导率随溶液中离子浓度的增大而增大；离子浓度一定时，稀溶液电导率随温度的升高而增大。25℃时，$K_{sp}(AgCl) = 1.8 \times 10^{-10}$。

③提出猜想。

猜想a：较高温度的 AgCl 饱和溶液的电导率较大。

猜想b：AgCl 在水中的溶解度 s（45℃）$> s$（35℃）$> s$（25℃）。

④设计实验、验证猜想。取试样 Ⅰ、Ⅱ、Ⅲ（不同温度下配制的 AgCl 饱和溶液），在设定的测试温度下，进行表中实验1至实验3，记录数据。

实验序号	试样	测试温度/℃	电导率/($\mu S/cm$)
1	Ⅰ:25℃的 AgCl 饱和溶液	25	A_1
2	Ⅱ:35℃的 AgCl 饱和溶液	35	A_2
3	Ⅲ:45℃的 AgCl 饱和溶液	45	A_3

⑤数据分析、交流讨论。25℃的 AgCl 饱和溶液中，$c(Cl^-) = $ _____ mol/L。

实验结果为 $A_3 > A_2 > A_1$。小组同学认为，此结果可以证明③中的猜想a成立，但不足以证明猜想b成立。结合②中信息，猜想b不足以成立的理由有：_____。

⑥优化实验。小组同学为进一步验证猜想b，在实验1至实验3的基础上完善方案，进行实验4和实验5。请在答题卡上完成表中内容。

实验序号	试样	测试温度/℃	电导率/($\mu S/cm$)
4	Ⅰ		B_1
5			B_2

⑦实验总结。根据实验1至实验5的结果，并结合②中信息，小组同学猜想b也成立。猜想b成立的判断依据是：_____。

学生自我评价表			
知识清单	评价内容	分值	自测得分
化学方程式	我是否知道氯化钠、硝酸钾的电离方程式？	2	
导电原理	我是否知道为什么干燥的氯化钠、硝酸钾固体和蒸馏水不导电，而氯化钠、硝酸钾溶液能导电？	3	
电解质概念	我是否知道如何区分电解质和非电解质？	2	
溶液导电性强弱的影响因素	我是否知道影响溶液导电能力的因素？	3	
总分		10	
对本课时内容学习的自评：			

3. P17【实验1-3】离子反应及其发生的条件

【实验目的】

1. 使学生了解离子反应和离子反应方程式的含义。

2. 通过实验事实认识离子反应及其发生的条件。

3. 使学生掌握简单的离子反应方程式的书写方法。

4. 培养学生的思维能力、语言表达能力、动手能力、观察能力、自学能力及分析问题、解决问题的能力，训练科学方法，加深知识理解。

【实验用品】

药品：氯化钡晶体、硫酸钠晶体、蒸馏水。

仪器：烧杯、试管、胶头滴管。

【实验安全】

注意防腐蚀，浓硫酸和乙酸易腐蚀皮肤。

【实验步骤】

实验操作	实验现象	两种溶质的电离方程式	反应前溶液中的离子	反应后溶液中的离子
向盛有2 mL硫酸钠稀溶液的试管中加入2 mL氯化钡稀溶液，观察现象并分析。				

【反思与讨论】

1.电离的条件是什么?

2.根据初中所学内容,试着总结离子反应发生的条件包含哪些。

3.请写出硫酸钠与氯化钡反应的化学方程式,并尝试写对应的离子方程式。

【实验评价】

本实验为定性实验,只需检验出生成物中有白色沉淀即可。

【必备知识】

1.离子反应的定义、发生条件、本质及常见类型。

2.离子方程式的定义、意义、书写格式(拆分规律)。

3.离子方程式正误判断(两易、两等、两查)。

【关键能力】

【基础】实验基本操作

1.[2022·湖南]化学实验操作是进行科学实验的基础。下列操作中符合规范的是(   )

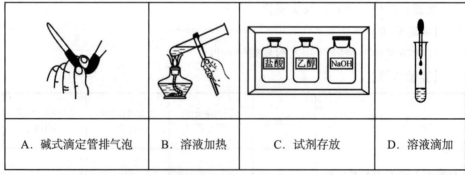

A. 碱式滴定管排气泡	B. 溶液加热	C. 试剂存放	D. 溶液滴加

2.[上海高考]下列有关实验操作错误的是 (   )

A.用药匙取用粉末状或小颗粒状固体

B.用胶头滴管滴加少量液体

C. 给盛有2/3体积液体的试管加热

D. 倾倒液体时试剂瓶标签面向手心

学生自我评价表			
知识清单	评价内容	分值	自测得分
离子反应	我是否知道离子反应的发生条件?	3	
电离	电离是否需要电流?	3	
溶解性	我是否知道哪些物质不溶于水?	4	
总分		10	
对本课时内容学习的自评:			

第2实验单元　必修1第二章　海水中的重要元素——钠和氯

1. P34【实验2-1】 钠的切割

【实验目的】

1. 认识金属钠的状态、颜色、硬度、密度。

2. 了解钠与氧气在常温条件下的反应现象，并对现象进行简要解释。

3. 通过对钠的部分性质的研究学习，学会提出问题并通过实验解决问题，提高研究问题的能力，培养科学素养。

【实验安全】

钠易腐蚀皮肤，使用时需注意用镊子夹取，严禁用手直接接触。

实验用品	镊子、滤纸、小刀、玻璃片、钠单质	
实验操作	实验现象	实验结论
(1)取装有金属钠块的试剂瓶,仔细观察。	瓶中钠块沉在煤油的_____。	钠的密度比煤油_____,并且与煤油____反应,所以钠可以保存在_____中。
(2)用镊子取一小块钠,用滤纸吸干表面的煤油后,用小刀切去一端的外皮,放置一段时间,观察其表面颜色和光泽。	新切开的断面具有_____。	钠的硬度_____,具有_____的外观。
(3)观察新切开的钠的表面在空气中会不会发生变化。	放置一段时间后颜色_____,并失去_____。	常温下能与空气中的____反应,化学方程式为:_____。

【反思与讨论】

1. 钠极易与O_2、H_2O等发生反应，表现出很强的还原性，试从原子结构的角度加以解释。

2. 实验室里，为什么要把钠保存在石蜡油或煤油中，而不保存在四氯化碳中？

3. 请写出金属钠露置在空气中的变化过程。

【实验评价】

该实验为定性实验，重点在于按照步骤操作并准确观察记录相关现象。

【必备知识】

钠的物理性质、保存与用途。

【关键能力】

【基础】 实验仪器与安全

1. [浙江高考]下列说法不正确的是（　　）

A. 实验室应将钠保存在煤油中

B. 分液漏斗和容量瓶在使用前都要检漏

C. 可用酒精代替CCl_4萃取碘水中的碘单质

D. 金属镁失火不可用水来灭火

2. [2022·浙江]下列说法不正确的是（　　）

A. 灼烧法做"海带中碘元素的分离及检验"实验时，须将海带进行灰化。

B. 用纸层析法分离铁离子和铜离子时，不能将滤纸条上的试样点浸入展开剂中。

C. 将盛有苯酚与水形成的浊液的试管浸泡在80℃热水中一段时间，浊液变澄清。

D. 不能将实验室用剩的金属钠块放回原试剂瓶。

3. [2020·浙江]下列说法不正确的是（　　）

A. 高压钠灯可用于道路照明

B. 二氧化硅可用来制造光导纤维

C. 工业上可采用高温冶炼黄铜矿的方法获得粗铜

D. 碳酸钡不溶于水，可用作医疗上检查肠胃的钡餐

学生自我评价表			
知识清单	评价内容	分值	自测得分
钠的物理性质	我是否知道钠单质的外观、硬度、密度?	3	
钠的保存方式	我是否知道钠的保存方法? 原理是什么?	3	
钠与氧气在常温下的化学反应	我是否知道钠与氧气在常温条件下反应的现象及化学方程式?	4	
总分		10	
对本课时内容学习的自评:			

2. P35【实验2-2】 钠的燃烧

【实验目的】

1. 认识钠与氧气在加热条件下反应的现象，并对现象进行简要的解释。

2. 通过对钠部分性质的研究学习，学会提出问题并通过实验解决问题，提高研究问题的能力，培养科学素养。

【实验安全】

反应比较剧烈，避免近距离俯视坩埚。

【实验步骤】

实验用品	酒精灯、三脚架、泥三角、坩埚、镊子、钠单质	
实验操作	实验现象	实验结论
将干燥的坩埚加热,同时切绿豆大小的钠块,迅速投入热坩埚。继续加热至钠融化后撤掉酒精灯,观察现象。	钠受热先_____后燃烧,火焰呈_____色,产物为_____色。	钠易熔化说明_____,化学方程式为:_____。

【反思与讨论】

1. 钠与氧气反应产物不同，是否因氧气用量差异导致？请解释原因。

2. Na与O_2反应时，若消耗钠量相同，转移电子数是否一致？为什么？若消耗氧气相同，情况又如何？

【必备知识】

钠的化学性质（还原性）：与非金属单质的反应。

1. 钠与氧气的反应（常温/加热）。

2. 钠与氯气、硫单质的反应。

【关键能力】

【基础】实验仪器与安全

1.[2022·湖北]下列实验装置（部分夹持装置略）或现象错误的是（　　　　）

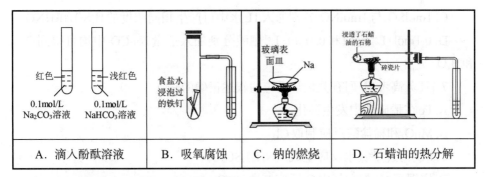

A. 滴入酚酞溶液	B. 吸氧腐蚀	C. 钠的燃烧	D. 石蜡油的热分解

2. [福建高考]下列做法不正确的是（　　）

A. 易燃试剂与强氧化性试剂分开放置并远离火源

B. 用湿润的红色石蕊试纸检验氨气

C. 在50mL量筒中配制 0.1000mol·L^{-1}碳酸钠溶液

D. 金属钠着火时，用细沙覆盖灭火

【基础】钠、镁、铝及其化合物

3. [2020.7·浙江]下列说法正确的是（　　）

A. Na_2O 在空气中加热可得固体 Na_2O_2

B. Mg 加入到过量 $FeCl_3$ 溶液中可得 Fe

C. FeS_2 在沸腾炉中与 O_2 反应主要生成 SO_3

D. H_2O_2 溶液中加入少量 MnO_2 粉末生成 H_2 和 O_2

4. [浙江高考]下列有关钠及其化合物的说法不正确的是（　　　）

A. 电解饱和食盐水可制取金属钠

B. 钠与氧气反应的产物与反应条件有关

C. 氧化钠与水反应生成氢氧化钠

D. 钠可以从四氯化钛中置换出钛

5. [浙江高考]下列说法不正确的是（　　）

A. 乙醇、苯应密封保存，置于阴凉处，且远离火源

B. 金属钠着火时，可用细沙覆盖灭火

C. 有毒药品的废液须倒入指定的容器

D. 容量瓶洗净后须用酒精灯加热干燥

6. [2022·重庆]下列叙述正确的是（　　）

A. Cl_2 和 Br_2 分别与 Fe^{2+} 反应得到 Cl^- 和 Br^-

B. Na 和 Li 分别在 O_2 中燃烧得到 Na_2O 和 Li_2O

C. $1molSO_3$与$1molNO_2$分别通入$1L$水中可产生相同浓度的H_2SO_4和HNO_3

D. $0.1mol \cdot L^{-1}$醋酸和$0.1mol \cdot L^{-1}$硼酸分别加入适量Na_2CO_3中均可得到CO_2和H_2O

7. [江苏高考]下列有关化学反应的叙述正确的是（　　　　）

A. Fe在稀硝酸中发生钝化

B. MnO_2和稀盐酸反应制取Cl_2

C. SO_2与过量氨水反应生成（NH_4）$_2SO_3$

D. 室温下Na与空气中O_2反应制取Na_2O_2

学生自我评价表			
知识清单	评价内容	分值	自测得分
钠与氧气在加热下的化学反应	我是否知道钠与氧气在加热条件下反应的现象及化学方程式吗？	4	
钠与氧气反应时产物不同的原因	我是否知道钠与氧气反应时产物不同的原因？	2	
氧化还原	我能否找到加热时钠与氧气的反应氧化还原的四要素,并能用线桥法表示电子转移?	4	
总分		10	
对本课时内容学习的自评：			

3. P36【探究实验】 钠与水的反应

【实验目的】

1. 认识金属钠的状态、颜色、硬度、密度。

2. 认识钠与水反应的现象，并对现象进行简要的解释。

3. 通过对钠性质的研究学习，学会提出问题并通过实验解决问题，提高研究问题的能力，培养科学素养。

【实验安全】

钠与水反应比较剧烈，不能在试管等空间较小的容器中进行，否则可能爆炸。另外，钠的用量不能太大。

实验用品	镊子、滤纸、小刀、玻璃片、胶头滴管、烧杯、金属钠、蒸馏水、酚酞溶液	
实验操作	实验现象	实验结论
(1) 在烧杯中加适量的水,滴入几滴酚酞溶液。	滴入几滴酚酞后,溶液呈＿＿＿色。	①"浮"说明钠的密度比水＿＿＿。 ②"熔"说明该反应＿＿＿且钠的熔点较＿＿＿
(2)把一块绿豆大小的钠放入滴有酚酞溶液的水中,仔细观察现象。		③"游""响"说明反应生成气体且比较剧烈。 ④"红"说明有＿＿＿物质生成,反应方程式为:$2Na+2H_2O=2NaOH+H_2\uparrow$

【反思与讨论】

1. 钠着火时,能否用水来灭火?如果不能,应该使用什么物质来灭火?

2. 实验室里,为什么要把钠保存在石蜡油或煤油中,而不保存在四氯化碳中?

【实验评价】

该实验属于定性实验,其目的仅是观察和验证相关的实验现象。

【必备知识】

1.钠和水反应的现象及其解释。2.钠和酸溶液的反应。3.钠和盐溶液的反应。

【关键能力】

【基础】 实验仪器与安全

1.[北京高考]下列物质与常用危险化学品的类别不对应的是（　　　）

A. H_2SO_4、$NaOH$——腐蚀品

B. CH_4、C_2H_4——易燃液体

C. CaC_2、Na——遇湿易燃物品

D. $KMnO_4$、$K_2Cr_2O_7$——氧化剂

2.[2021.6·浙江]下列说法不正确的是（　　　）

A. 硅酸钠是一种难溶于水的硅酸盐

B. 镁在空气中燃烧可生成氧化镁和氮化镁

C. 钠与水反应生成氢氧化钠和氢气

D.常温下,铝遇浓硝酸或浓硫酸时会发生钝化

3.[2021.1·浙江]下列"类比"合理的是（　　　）

A. Na与H_2O反应生成$NaOH$和H_2,则Fe与H_2O反应生成$Fe(OH)_3$和H_2

B. NaClO 溶液与 CO_2 反应生成 $NaHCO_3$ 和 HClO，则 NaClO 溶液与 SO_2 反应生成 $NaHSO_3$ 和 HClO

C. Na_3N 与盐酸反应生成 NaCl 和 NH_4Cl，则 Mg_3N_2 与盐酸反应生成 $MgCl_2$ 和 NH_4Cl

D. NaOH 溶液与少量 $AgNO_3$ 溶液反应生成 Ag_2O 和 $NaNO_3$，则氨水与少量 $AgNO_3$ 溶液反应生成 Ag_2O 和 NH_4NO_3

学生自我评价表			
知识清单	评价内容	分值	自测得分
化学方程式	我是否知道钠与水反应的化学方程式?	2	
实验现象及解释	我是否了解钠与水反应的实验会产生哪些现象,并且能否使用化学原理对这些现象进行——解释?	5	
钠的存储	我是否知道钠单质应该存放在什么介质中,以及存放的原因是什么?	3	
总分		10	

对本课时内容学习的自评:

4. P37【实验2-3】 过氧化钠与水的反应

【实验目的】

1. 探究 Na_2O_2 与 H_2O 的反应。

2. 复习检验氧气和判断溶液酸碱性的方法。

3. 通过环境温度变化感知反应的热量变化。

【实验用品】

药品：Na_2O_2、蒸馏水、pH试纸、酚酞溶液。

仪器：试管、药匙、胶头滴管、木条、火柴。

【实验安全】

1. 使用时注意防止药品接触皮肤,应穿戴实验防护镜、防护服。

2. Na_2O_2 有强氧化性,遇到可燃物质、易燃物质会剧烈反应,甚至引起火灾和爆炸,所以应避免与这些物质接触或混合。

3. 避免剧烈震荡。

【实验步骤】

实验操作	实验现象	实验结论
(1)取新制的 Na_2O_2，观察其颜色、状态。	Na_2O_2 是＿＿色＿＿体	
(2)用药匙取适量 Na_2O_2 固体放入试管底部，用胶头滴管滴加少量水，立即将带火星的木条放在试管口，观察试管内的变化，并触摸试管外壁。	带火星的木条＿＿＿＿，试管外壁＿＿＿＿。	水和过氧化钠反应生成＿＿＿和＿＿＿，反应＿＿＿热量，现象1和现象2说明了反应后的溶液中有＿＿＿物质存在。
(3)反应一段时间后，用玻璃棒蘸取反应后溶液滴在 pH 试纸上，观察现象，再向反应后的溶液中滴加几滴酚酞溶液，观察现象。	现象1：＿＿＿＿＿＿＿　现象2：＿＿＿＿＿＿＿	

【反思与讨论】

1. 请写出实验过程中有关反应的化学方程式。

2. 该反应的氧化剂、还原剂、氧化产物、还原产物分别是谁？生成 $1mol\,O_2$ 时转移多少 mol 电子？

3. Na_2O_2 与水反应生成 NaOH，能说明 Na_2O_2 是碱性氧化物吗？为什么？

4. 用脱脂棉包裹 Na_2O_2，然后用胶头滴管向脱脂棉滴水，能观察到什么现象？为什么？

【必备知识】

1. 过氧化钠的物理性质（颜色、状态）。
2. 过氧化钠的化学性质（与水反应、与二氧化碳反应、热稳定性）。
3. 过氧化钠的主要性质（氧化性）及主要用途。

【关键能力】

1. [2023·湖北]下列化学事实不符合"事物的双方既相互对立又相互统

一"的哲学观点的是（　　）

A. 石灰乳中存在沉淀溶解平衡

B. 氯气与强碱反应时既是氧化剂又是还原剂

C. 铜锌原电池工作时，正极和负极同时发生反应

D. Li、Na、K的金属性随其核外电子层数增多而增强

2. [2022·广东]下列关于Na的化合物之间转化的离子方程式书写正确的是（　　）

A. 碱转化为酸式盐：$OH^- + 2H^+ + CO_3^{2-} = HCO_3^- + 2H_2O$

B. 碱转化为两种盐：$2OH^- + Cl_2 = ClO^- + Cl^- + H_2O$

C. 过氧化物转化为碱：$2O_2^{2-} + 2H_2O = 4OH^- + O_2\uparrow$

D. 盐转化为另一种盐：$Na_2SiO_3 + 2H^+ = H_2SiO_3\downarrow + 2Na^+$

学生自我评价表			
知识清单	评价内容	分值	自测得分
化学方程式	我是否知道制备Na_2O_2与水反应的化学方程式？	3	
O_2检验	我是否知道如何检验O_2的生成？	3	
溶液酸碱性的检测	我是否知道如何检测PH？	3	
反应的热量变化	我知道该反应是吸热还是放热？	1	
总分		10	
对本课时内容学习的自评：			

5. P38【实验2-4】 P39【实验2-5】碳酸钠和碳酸氢钠的性质

【实验目的】

1. 通过实验探究，从外观、溶解过程中的热量变化、水溶性、水溶液的碱性、热稳定性等角度探究、归纳总结碳酸钠和碳酸氢钠的物理性质和化学性质的异同。

2. 掌握碳酸钠与碳酸氢钠的鉴别与转化方法。

【实验用品】

药品：Na_2CO_3、$NaHCO_3$、蒸馏水、酚酞溶液、澄清石灰水。

仪器：试管、药匙、胶头滴管、温度计、火柴、酒精灯、铁架台。

【实验安全】

由于碳酸钠为粉末状固体，注意取用。

【实验步骤】

实验操作	实验现象	实验结论
(1)向两支试管中分别加入少量碳酸钠和碳酸氢钠，观察其外观。	碳酸钠的外观：_____；碳酸氢钠的外观：_____。	
(2)向两只试管各加入几滴水，振荡，观察现象，再用温度计测量温度变化。	加水后，_____，温度计示数_____。	
(3)继续向两只试管中加入5ml蒸馏水，用力振荡，观察现象。		
(4)分别向上述溶液中加入几滴酚酞溶液，观察现象。		
(5)组装实验装置，加入药品，分别加热碳酸钠和碳酸氢钠。	加热碳酸钠的导管末端有_____产生，澄清石灰水_____；加热碳酸氢钠的导管末端有_____产生，澄清石灰水_____。	

【反思与讨论】

1.请写出实验过程中有关反应的化学方程式。

2.分别向盛有同浓度的碳酸钠和碳酸氢钠溶液中逐滴加入稀盐酸溶液，所观察的现象是否相同？请用文字加化学用语的形式解释。

3.碳酸钠和碳酸氢钠能否用$CaCl_2$鉴别，为什么？如果换成$Ca(OH)_2$还能鉴别出来吗？请用文字加化学用语解释。

4.（1）除去碳酸钠固体中的碳酸氢钠，方法是什么？请用文字加化学用语解释。

（2）除去碳酸氢钠溶液中的碳酸钠，方法是什么？请用文字加化学用语解释。

【必备知识】

1.碳酸钠和碳酸氢钠的物理性质比较（从化学式、俗称、颜色状态、水溶性）。

2. 碳酸钠和碳酸氢钠的物理性质比较（热稳定性、与酸反应、与碱反应）。

3. 碳酸钠和碳酸氢钠的相互转化。

4. 侯氏制碱法。

【教材汇总】 本实验的制备装置是固固混合（加热）型（如右图）。

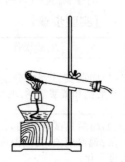

此类装置的特点是_____，为什么?

教材中采用此类装置制备气体或物质的还有：

_____。

【关键能力】

1. [2022·广东]劳动开创未来。下列劳动项目与所述的化学知识没有关联的是（　　　）

选项	劳动项目	化学知识
A	面包师用小苏打作发泡剂烘焙面包	Na_2CO_3 可与酸反应
B	环保工程师用熟石灰处理酸性废水	熟石灰具有碱性
C	工人将模具干燥后再注入熔融钢水	铁与 H_2O 高温下会反应
D	技术人员开发高端耐腐蚀镀铝钢板	铝能形成致密氧化膜

2. （2020.7·浙江选考）下列说法不正确的是（　　　）

A. Cl^- 会破坏铝表面的氧化膜

B. $NaHCO_3$ 的热稳定性比 Na_2CO_3 强

C. $KMnO_4$ 具有氧化性，其稀溶液可用于消毒

D. 钢铁在潮湿空气中生锈主要是发生了电化学腐蚀

3. [江苏高考]下列实验操作正确的是（　　　）

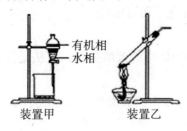

装置甲　　　　装置乙

A. 用玻璃棒蘸取 CH_3COOH 溶液点在水湿润的 pH 试纸上，测定该溶液的 pH

B. 中和滴定时，滴定管用所盛装的反应液润洗 2~3 次

C. 用装置甲分液，放出水相后再从分液漏斗下口放出有机相

D. 用装置乙加热分解 $NaHCO_3$ 固体

4.[2021·全国乙卷]在实验室采用如图装置制备气体，合理的是（　　　）

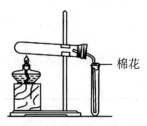

棉花

选项	化学试剂	制备的气体
A	$Ca(OH)_2 + NH_4Cl$	NH_3
B	$MnO_2 + HCl$ (浓)	Cl_2
C	$MnO_2 + KClO_3$	O_2
D	$NaCl + H_2SO_4$(浓)	HCl

学生自我评价表			
知识清单	评价内容	分值	自测得分
化学方程式	我是否知道两种钠盐受热分解的化学方程式？	3	
溶解性强弱	我是否知道两种钠盐的溶解性谁强谁弱？	2	
碱性强弱	我是否知道两种钠盐的碱性谁强谁弱？	2	
热稳定性强弱	我是否知道两种钠盐的热稳定性谁强谁弱？	2	
溶解过程的热量变化	两种钠盐在溶解过程是否产生热量变化？	1	
总分		10	
对本课时内容学习的自评：			

6. P40【实验2-6】焰色试验

【实验目的】

1. 了解焰色试验的原理。

2. 掌握常见元素的焰色。

3. 掌握用焰色试验检验金属离子的方法。

【实验用品】

药品：Na_2CO_3、K_2CO_3、$LiCl$、$CuSO_4$、$CaCl_2$、$BaCl_2$、$SrCl_2$、稀盐酸溶液。

仪器：熔嵌在玻璃棒上的铂丝或光洁无锈的铁丝、蓝色钴玻璃、火柴、酒精灯。

【实验安全】

穿戴实验室必要的个人防护装备，如实验服、防护镜、手套。

【实验步骤】

实验操作	实验现象	实验结论
(1)把熔嵌在玻璃棒上的铂丝或光洁无锈的铁丝放在酒精灯(最好是煤气灯)外焰上灼烧。		除去铂丝表面的杂质,以免对后续焰色产生干扰。
(2)用铂丝或铁丝蘸取碳酸钠溶液,放在酒精灯外焰上灼烧。	Na元素焰色:_____。	不同元素有不同的焰色,每次检测前都需经过"洗""烧"过程,从而去除干扰。
(3)用铂丝或铁丝用盐酸洗净后,在酒精灯上灼烧至与原来焰色相同时,再分别检验K_2CO_3、$LiCl$、$CuSO_4$、$CaCl_2$、$BaCl_2$、$SrCl_2$等溶液的焰色(K元素的焰色需透过蓝色钴玻璃滤掉黄光才能观察)。	K元素焰色:_____;Li元素焰色:_____;Ca元素焰色:_____;Sr元素焰色:_____;Ba元素焰色:_____;Cu元素焰色:_____。	

【反思与讨论】

1.所有的金属元素都能进行焰色试验吗？如果不能，请举例说明。

2.焰色试验是物理变化还是化学变化？

3.将Na单质、Na_2O_2、NaCl用铂丝蘸取后，置于酒精灯外焰上灼烧，观察到的是否一致？为什么？

4.用洁净的铂丝蘸取某溶液，放在火焰上灼烧，观察到黄色火焰，能否证明该溶液中一定含有Na^+，没有K^+？

【必备知识】

1.含有常见元素的物质燃烧时的焰色。2.焰色试验的基本操作。

【关键能力】

1.[浙江高考]下列说法正确的是（　　　）

A.某试样焰色反应呈黄色，则试样中含有K^+

B. 广泛 pH 试纸测得某碱性溶液的 pH 为 12.5

C. 容量瓶不能用作溶解物质的容器

D. 粗盐的提纯试验中，滤液在坩埚中加热蒸发结晶

2. [2022·全国乙卷]生活中处处有化学，下列叙述正确的是（　　　）

A. HB 铅笔芯的成分为二氧化铅

B. 碳酸氢钠可做食品膨松剂

C. 青铜和黄铜是不同结构的单质铜

D. 焰火中红色来源于钠盐灼烧

3. [天津高考]下列关于物质或离子检验的叙述正确的是（　　　）

A. 在溶液中加 KSCN，溶液显红色，证明原溶液中有 Fe^{3+}，无 Fe^{2+}

B. 气体通过无水硫酸铜，粉末变蓝，证明原气体中含有水蒸气

C. 灼烧白色粉末，火焰成黄色，证明原粉末中有 Na^+，无 K^+

D. 将气体通入澄清石灰水，溶液变浑浊，证明原气体是 CO_2

4. [江苏高考]下列依据相关实验得出的结论正确的是（　　　）

A. 向某溶液中加入稀盐酸，产生的气体通入澄清石灰水，石灰水变浑浊，该溶液一定是碳酸盐溶液

B. 用铂丝蘸取少量某溶液进行焰色反应，火焰呈黄色，该溶液一定是钠盐溶液

C. 将某气体通入溴水中，溴水颜色褪去，该气体一定是乙烯

D. 向某溶液中滴加 KSCN 溶液，溶液不变色，滴加氯水后溶液显红色，该溶液中一定含 Fe^{2+}

5. [天津高考]向四支试管中分别加入少量不同的无色溶液进行如下操作，结论正确的是（　　　）

选项	实验操作	实验现象	实验结论
A	滴加 $BaCl_2$ 溶液	生成白色沉淀	原溶液中有 SO_4^{2-}
B	滴加氯水和 CCl_4，振荡，静置	下层溶液显紫色	原溶液中有 I^-
C	用洁净铂丝蘸取溶液进行焰色反应	火焰呈黄色	原溶液中有 Na^+、无 K^+
D	滴加稀 NaOH 溶液，将湿润红色石蕊试纸置于试管口	试管不变蓝	原溶液中无 NH_4^+

学生自我评价表			
知识清单	评价内容	分值	自测得分
实验操作	我是否知道焰色试验的基本操作步骤?	4	
焰色原理	我是否知道焰色试验的基本原理及对应变化类型?	3	
常见元素焰色	我是否知道常见元素的焰色?	3	
总分		10	
对本课时内容学习的自评:			

7. P45【实验2-7】氢气在氯气中的燃烧反应

【实验目的】

1. 借助氢气在氯气中的燃烧实验,验证氯气的强氧化性;

2. 提升学生的试验操作能力、观察能力及分析总结能力;

3. 掌握氯气尾气处理方法,强化环保意识。

【实验用品】

药品:锌粒、稀硫酸、Cl_2。

器材:试管、双孔塞、玻璃导管、胶皮管、滴管、分液漏斗、集气瓶、铁架台及铁夹、毛玻璃片。

【实验安全】

氯气有毒,需确保通风,避免吸入。氢气易燃,必须验纯后再点燃,且需要对剩余氯气进行妥善处理。

【实验步骤】

实验操作	实验现象	实验结论
(1)连接制备氢气的装置,点燃产生的氢气。	产生_____的火焰。	氢气可在空气中燃烧。
(2)将导管伸入盛氯气的集气瓶,观察现象。	氢气_____燃烧,产生_____的火焰。	氢气与氯气反应生成了氯化氢气体。
(3)燃烧结束后,移去集气瓶口的毛玻璃片,观察现象。	集气瓶口上方出现_____。	

【反思与讨论】

1. 如何正确地闻氯气的气味?

2.鉴于氯气的毒性，尾气处理时应该使用什么药品？请写出相应的化学方程式。

3.请写出本实验中涉及的所有化学方程式。

4.氯气与铁、铜反应时，金属元素的价态与硫和这些金属反应时金属元素的价态相同？为什么？

5.氯气在与哪些物质反应时仅表现出强氧化性？请列出这些反应并写出相应的化学方程式。

【必备知识】

1.氯气的物理性质。

2.氯气的化学性质（氧化性）。

（1）与金属单质的反应；

（2）与非金属单质的反应。

【教材汇总】 本实验中制备氢气的装置属于固、液混合型（如右图）。

教材中制备气体或物质采用此类装置的还有：_____。

（a）　　　　（b）

固体与液体反应

【关键能力】

1.[2022·全国乙卷]由实验操作和现象，可得出相应正确结论的是 （　　　）

选项	实验操作	实验现象	实验结论
A	向NaBr溶液中滴加过量氯水,再加入淀粉KI溶液	先变橙色,后变蓝色	氧化性：$Cl_2 > Br_2 > I_2$
B	向蔗糖溶液中滴加稀硫酸,水浴加热,加入新制的$Cu(OH)_2$悬浊液	无砖红色沉淀	蔗糖未发生水解
C	石蜡油加强热,将产生的气体通入Br_2的CCl_4溶液	溶液红棕色变无色	气体中含有不饱和烃
D	加热试管中的聚氯乙烯薄膜碎片	试管口润湿的蓝色石蕊试纸变红	氯乙烯加聚是可逆反应

2.[海南高考]下列关于物质应用的说法错误的是 （　　）

A. 玻璃容器可长期盛放各种酸

B. 纯碱可用于清洗油污

C. 浓氨水可检验氯气管道是否漏气

D. Na_2S 可除去污水中的 Cu^{2+}

3.[2022·山东]某同学按图示装置进行实验，欲使瓶中少量固体粉末最终消失并得到澄清溶液。下列物质组合不符合要求的是 （　　）

选项	气体	液体	固体粉末
A	CO_2	饱和 Na_2CO_3 溶液	$CaCO_3$
B	Cl_2	$FeCl_2$ 溶液	Fe
C	HCl	$Cu(NO_3)_2$ 溶液	Cu
D	NH_3	H_2O	AgCl

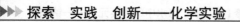

4.[全国高考]下列实验过程可以达到实验目的的是 （　　）

选项	实验目的	实验过程
A	配制 $0.4000 \ mol \cdot L^{-1}$ 的 NaOH 溶液	称取4.0 g固体NaOH于烧杯中，加入少量蒸馏水溶解，立即转移至250 mL容量瓶中定容
B	探究维生素C的还原性	向盛有2 mL黄色氯化铁溶液的试管中滴加浓的维生素C溶液，观察颜色变化
C	制取纯净氢气	向稀盐酸中加入锌粒，将生成的气体依次通过NaOH溶液、浓硫酸和$KMnO_4$溶液
D	探究浓度对反应速率的影响	向2支盛有5 mL不同浓度$NaHSO_3$溶液的试管中同时加入2 mL 5%H_2O_2溶液，观察实验现象

5.[江苏高考]在给定条件下，下列选项所示的物质间转化均能实现的是 （　　）

A. $NaCl(aq) \xrightarrow{电解} Cl_2(g) \xrightarrow[\triangle]{Fe(s)} FeCl_2(s)$

B. $MgCl_2(aq) \xrightarrow{石灰乳} Mg(OH)_2(s) \xrightarrow{煅烧} MgO(s)$

C. $S(s) \xrightarrow[点燃]{O_2(g)} SO_3(g) \xrightarrow{H_2O(l)} H_2SO_4(aq)$

D. $N_2(g) \xrightarrow[高温高压、催化剂]{H_2(g)} NH_3(g) \xrightarrow[NaCl(aq)]{CO_2(g)} Na_2CO_3(s)$

6. [2022·北京]已知：$H_2 + Cl_2 \xrightarrow{\text{点燃}} 2HCl$。下列说法不正确的是（　　）

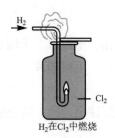

H_2在Cl_2中燃烧

A. H_2 分子的共价键是 s-s σ 键，Cl_2 分子的共价键是 s-p σ 键

B. 燃烧生成的 HCl 气体与空气中的水蒸气结合呈雾状

C. 停止反应后，用蘸有浓氨水的玻璃棒靠近集气瓶口产生白烟

D. 可通过原电池将 H_2 与 Cl_2 反应的化学能转化为电能

7. [天津高考]下列有关金属及其化合物的应用不合理的是（　　）

A. 将废铁屑加入 $FeCl_2$ 溶液中，可用于除去工业废气中的 Cl_2

B. 铝中添加适量锂，制得低密度、高强度的铝合金，可用于航空工业

C. 盐碱地（含较多 Na_2CO_3 等）不利于作物生长，可施加熟石灰进行改良

D. 无水 $CoCl_2$ 呈蓝色，吸水会变为粉红色，可用于判断变色硅胶是否吸水

学生自我评价表			
知识清单	评价内容	分值	自测得分
化学方程式	我是否了解本实验涉及的化学方程式？	2	
实验现象	我是否清楚本实验涉及的反应现象？	2	
强氧化性	我是否知道氯气的强氧化性在与哪些物质反应时体现？	3	
尾气处理	我是否了解氯气的尾气处理方法？	3	
总分		10	
对本课时内容学习的自评：			

8. P46【实验2-8】验证氯气的漂白性

【实验目的】

1. 通过氯气和有色纸条的实验，验证氯气是否具有漂白性。

2. 培养学生的试验操作能力、观察能力，以及分析总结归纳能力。

3. 通过氯气和水的反应，培养对氯气与氢氧化钠、氢氧化钙反应的举一反三推理能力。

【实验用品】

药品：有色纸条、有色鲜花、蒸馏水、干燥 Cl_2。

仪器：镊子、试管、集气瓶、毛玻璃片。

【实验安全】

氯气为有毒气体，所以需要注意通风，防止吸入，且实验后需要进行尾气处理。

【实验步骤】

实验操作	实验现象	实验结论
(1)分别取干燥和湿润的有色纸条放入两个盛有干燥氯气的集气瓶中,盖上玻璃片,观察实验现象。	干燥有色纸条_____, 湿润有色纸条_____。	干燥氯气没有_____, 干燥氯气遇水后有_____。
(2)将有色鲜花放入盛有干燥氯气的集气瓶中,盖上玻璃片,观察实验现象。	有色鲜花_____。	干燥氯气遇水后有_____。

【反思与讨论】

1. 请写出实验过程中涉及的相关化学方程式。

2. 根据实验原理，推测哪种物质具有漂白性，并设计实验进行验证。

3. 请写出氯气与氢氧化钠、氢氧化钙反应的化学方程式，并分析反应中的氧化还原反应两物、两剂。

4. 新制氯水和久置氯水的主要成分分别是什么？新制氯水为什么容易失效？

5. 若将新配制的氯水滴加到蓝色石蕊溶液中，预计会观察到什么现象？请运用化学原理解释这些现象。

6. 漂白液和漂白粉的主要成分以及有效成分分别是什么？请说明漂白粉的生效和失效反应原理。

【必备知识】

1.氯气的化学性质（歧化反应）

（1）氯气与水的反应；

（2）氯气与烧碱溶液反应。

2.氯的重要化合物（如次氯酸、漂白粉、漂白液等的成分、性质及其作用原理）。

3.常见漂白剂及漂白原理

（1）强氧化性漂白；

（2）还原性漂白；

（3）物理吸附性漂白。

【关键能力】

1.[2023·湖北]下列化学事实不符合"事物双方既对立又统一"的哲学观点的是（　　　）

A.石灰乳中存在沉淀溶解平衡

B.氯气与强碱反应时既是氧化剂又是还原剂

C.铜锌原电池工作时，正极和负极同时发生反应

D.Li、Na、K的金属性随其核外电子层数增多而增强

2.[2021·山东]下列由实验现象所得结论错误的是（　　　）

A.向$NaHSO_3$溶液中滴加氢硫酸，产生淡黄色沉淀，证明HSO_3^-具有氧化性

B.向酸性$KMnO_4$溶液中加入Fe_3O_4粉末，紫色褪去，证明Fe_3O_4中含Fe（Ⅱ）

C.向浓HNO_3中插入红热的炭，产生红棕色气体，证明炭可与浓HNO_3反应生成NO_2

D.向$NaClO$溶液中滴加酚酞试剂，先变红后褪色，证明$NaClO$在溶液中发生了水解反应

学生自我评价表			
知识清单	评价内容	分值	自测得分
化学方程式	我是否掌握氯气与水、氢氧化钠、氢氧化钙反应的化学方程式？	6	
氧化还原反应原理	我是否理解氯气发生歧化反应时的氧化还原反应原理？	2	
漂白性	我是否了解本实验中哪种物质具有漂白性？能否举例其他具有漂白性的物质？	2	
总分		10	
对本课时内容学习的自评：			

9.P49【实验2-9】氯离子的检验

【实验目的】

1.学习并掌握检验氯离子的方法。

2.通过实验操作，提高分析问题、解决问题的能力，并加深对实验设计在科学探究中重要性的理解。

【实验用品】

药品：稀盐酸、氯化钠溶液、碳酸钠溶液、自来水、蒸馏水、硝酸银溶液、稀硝酸。

仪器：试管、胶头滴管、试管架。

【实验安全】

稀盐酸、稀硝酸对皮肤有腐蚀性，使用时须注意防护。

【实验步骤】

实验操作	实验现象	实验结论
(1)在五支试管中分别加入2~3 mL稀盐酸、氯化钠溶液、碳酸钠溶液、自来水、蒸馏水,随后向各试管中滴入几滴硝酸银溶液。	_____等试管中出现白色浑浊,_____试管未出现白色浑浊。	在水溶液中,氯离子和银离子反应生成白色的氯化银沉淀。
(2)接着,再向五支试管中分别加入少量稀硝酸,并仔细观察试管内的变化。	之前出现浑浊的试管中,盛装碳酸钠溶液的试管_____。	氯化银沉淀不溶于稀硝酸,而碳酸银沉淀溶于稀硝酸。

【反思与讨论】

1.请写出实验过程中涉及的相关反应的离子方程式。

2.在检验氯离子时，除了教材中提到的先加硝酸银溶液后加稀硝酸的顺序外，是否还有其他可行的药品添加顺序？

3.如何理解稀硝酸在实验中的酸化作用？

4. 如果待检测的溶液中存在硫酸根离子，考虑到硫酸银的微溶性，应如何排除硫酸根离子的干扰并准确判断待测溶液中是否存在氯离子？

5. 能否使用检验氯离子的方法来检验其他卤素离子？如果可以，现象上会有什么不同？此外，是否还有其他检验方法？

【必备知识】

掌握常见离子的检验方法。

【关键能力】

1. [浙江高考]通过实验得出的结论正确的是 （　　　）

A. 将某固体试样完全溶于盐酸，再滴加 $Ba(NO_3)_2$ 溶液，出现白色沉淀，则该固体试样中存在 SO_4^{2-}

B. 将某固体试样完全溶于盐酸，再滴加 KSCN 溶液，没有出现血红色，则该固体试样中不存在 Fe^{3+}

C. 在某固体试样加水后的溶液中，滴加 NaOH 溶液，没有产生使湿润红色石蕊试纸变蓝的气体，该固体试样中仍可能存在 NH_4^+

D. 在某固体试样加水后的上层清液中，滴加盐酸出现白色沉淀，再加 NaOH 溶液沉淀溶解，则该固体试样中存在 SiO_3^{2-}

2. [上海高考，双选]已知：$SO_3^{2-}+I_2+H_2O \rightarrow SO_4^{2-}+2I^-+2H^+$。某溶液中可能含有 Na^+、NH_4^+、Fe^{2+}、K^+、I^-、SO_3^{2-}、SO_4^{2-}，且所有离子物质的量浓度相等。向该无色溶液中滴加少量溴水，溶液仍呈无色。下列关于该溶液的判断正确的是（　　　）

A. 肯定不含 I^-　　　　　　　B. 肯定不含 SO_4^{2-}

C. 肯定含有 SO_3^{2-}　　　　　D. 肯定含有 NH_4^+

学生自我评价表			
知识清单	评价内容	分值	自测得分
化学方程式	我是否知道本实验中的化学方程式？	3	
试剂选择及顺序	我是否知道氯离子的检验所需试剂及其加入顺序？	2	
其他离子的检验方法	我是否知道硫酸根、溴离子、碘离子、三价铁离子、亚铁离子的检验方法？	5	
总分		10	
对本课时内容学习的自评：			

10. P59【实验2-10】P65【实验活动1】
配制一定物质的量浓度的NaCl溶液

【实验目的】

1. 通过配制溶液，进一步了解容量瓶的构造，并掌握其使用方法。

2. 通过用固体和浓溶液配制溶液，熟练掌握配制方法，提升实验操作能力。

3. 深化对物质的量浓度概念的理解。

【实验用品】

药品：氯化钠、蒸馏水。

仪器：托盘天平、药匙、滤纸、量筒、100ml容量瓶、烧杯、玻璃棒、胶头滴管。

【实验步骤】

实验操作	操作要点及相关解释
(1)计算:通过公式计算得出配制_____ _____的氯化钠溶液所需氯化钠固体的质量。	①计算过程：_____ ②计算结果：_____
(2)称量:使用_____来称量氯化钠固体。	①在天平两侧的托盘中分别放入_____。 ②天平使用时需要遵循左_____右_____原则,否则称量固体质量_____。 ③托盘天平的精确度为_____。 ④考虑到托盘天平的精确度,实际称量值可以略大,比如4.9g可以称_____。
(3)溶解:将称量好的氯化钠固体放入烧杯中,加入适量蒸馏水,用玻璃棒搅拌至全部溶解。	①玻璃棒在本步骤的作用：_____。 ②溶解后待溶液_____,进行下一步操作。
(4)转移、洗涤再移液、振荡:先检查容量瓶是否漏液,将烧杯中的溶液沿玻璃棒注入100ml的容量瓶中,再用少量蒸馏水洗涤_____,将洗涤液都注入容量瓶,轻轻振荡使溶液混合均匀。	①玻璃棒在本步骤的作用：_____。 ②玻璃棒下端应触碰容量瓶刻度线_____,玻璃棒上端不能触碰容量瓶口,否则_____。 ③洗涤的目的是：_____。

续表

实验操作	操作要点及相关解释
(5)定容:将蒸馏水沿玻璃棒注入容量瓶,当_____时,改用胶头滴管滴加蒸馏水至溶液的_____,盖好瓶塞,反复上下颠倒,摇匀。	定容时,眼睛应采用平视,俯视会导致所配制溶液浓度_____,仰视会导致所配制溶液浓度_____。
(6)装瓶,贴标签:将配制好的溶液倒入_____中,并贴好标签。	

【反思与讨论】

1.容量瓶的形状特点是什么? 上面有哪些标识? 常见的容量瓶有哪些规格?

2.有哪些操作不能在容量瓶中进行? 主要是基于哪方面考量?

3.检查容量瓶是否漏液的方法是什么?

4.如果配制480mL 1mol/L的氢氧化钠溶液,需要氢氧化钠多少克?

5.如果配制的是氢氧化钠溶液,那么比较原实验,需要做出什么改变? 为什么?

【必备知识】

1.容量瓶相关知识。

2.溶液配制的实验步骤。

3.误差分析方法归纳总结。

【关键能力】

1.[2021·广东]测定浓硫酸试剂中H_2SO_4含量的主要操作包括:

①量取一定量的浓硫酸,稀释;

②转移定容得待测液;

③移取20.00 mL待测液,用0.1000 mol/L的NaOH溶液滴定。

上述操作中,不需要用到的仪器为 (　　　)

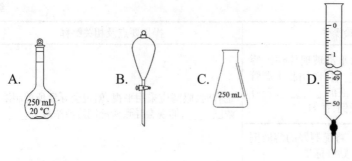

2. [2020·天津]下列实验仪器或装置的选择正确的是 (　　)

A	B	C	D
配制 50.00mL 0.1000mol.L⁻¹ Na_2CO_3 溶液	除去 Cl_2 中的 HCl	蒸馏用冷凝管	盛装 Na_2SiO_3 溶液的试剂瓶

3. [全国高考]下列实验操作规范且能达到目的的是 (　　)

选项	目的	操作
A	取 20.00 mL 盐酸	在 50 mL 酸式滴定管中装入盐酸,调整初始读数为 30.00 mL 后,将剩余盐酸放入锥形瓶
B	清洗碘升华实验所用试管	先用酒精清洗,再用水清洗
C	测定醋酸钠溶液 pH	用玻璃棒蘸取溶液,点在湿润的 pH 试纸上
D	配制浓度为 0.010 mol·L⁻¹ 的 $KMnO_4$ 溶液	称取 $KMnO_4$ 固体 0.158 g,放入 100 mL 容量瓶中,加水溶解并稀释至刻度

4. [浙江高考]用无水 Na_2CO_3 固体配制 250 mL 0.100 0 mol·L⁻¹ 的溶液。

请回答下列问题:

(1) 在配制过程中不必要的玻璃仪器是 (　　)

A. 烧杯　　　B. 量筒　　　C. 玻璃棒　　　D. 胶头滴管　　　E. 容量瓶

(2) 定容时的操作:当液面接近容量瓶刻度线时,_____

_____,再将容量瓶塞盖好,反复上下颠倒,摇匀。

(3) 下列操作会使配得的 Na_2CO_3 溶液浓度偏低的是 (　　)

A. 称取相同质量的$Na_2CO_3 \cdot 10H_2O$固体进行配制

B. 定容时俯视容量瓶的刻度线

C. 摇匀后发现液面低于容量瓶刻度线，再滴加蒸馏水至刻度线

D. 转移洗涤液时洒到容量瓶外，继续用该未清洗的容量瓶重新配制

学生自我评价表			
知识清单	评价内容	分值	自测得分
容量瓶的使用	我是否知道容量瓶的使用方法及注意事项？	3	
实验步骤	我是否知道配制一定物质的量浓度溶液实验的步骤、流程？	4	
误差分析	我是否知道如何对配制一定物质的量浓度溶液可能形成的各种误差所造成的结果进行合理分析？	3	
总分		10	
对本课时内容学习的自评：			

第3实验单元 必修1第三章 铁 金属材料

P71【实验3-1】P72【实验3-2】P73【实验3-3】P74【探究实验】
铁及其化合物的性质及铁离子的检验

【实验目的】

1.通过铁的氢氧化物的制备，了解铁单质及铁的氢氧化物的性质。

2.通过三价铁离子的鉴别和三价铁离子和二价铁离子之间相互转化，掌握三价铁离子及二价铁离子的鉴别方法及相互转化。

3.通过一系列的相关实验，总结归纳铁的相关性质。

【实验安全】

注意酒精灯的正确使用，防止发生火灾及烧伤事故。注意试管的正确加热方式。氢氧化钠溶液具有一定的腐蚀性，使用时勿滴在皮肤上。

1. P71【实验3-1】铁的氢氧化物的制备及性质

【实验用品】

药品：$FeCl_3$溶液、$FeSO_4$溶液、NaOH溶液。

仪器：试管、胶头滴管。

【实验步骤】

实验操作	实验现象	实验结论
(1)取少量$FeCl_3$溶液于试管中滴入NaOH溶液。		
(2)取少量$FeSO_4$溶液于试管中滴入NaOH溶液。		

【反思与讨论】

观察课本上的氢氧化亚铁的图片颜色及文字描述，对比思考本次实验氢氧化亚铁的制备的不足之处并推测所得到的产物。

2. P72 【实验3-2】 Fe^{3+} 的检验

【实验用品】

药品：$FeCl_3$溶液、$FeCl_2$溶液、KSCN溶液。

仪器：试管、胶头滴管。

【实验步骤】

实验操作	实验现象	实验结论
(1)取少量$FeCl_3$溶液于试管中滴入KSCN溶液。		
(2)取少量$FeCl_2$溶液于试管中滴入KSCN溶液。		

【反思与讨论】

本实验中生成的$Fe(SCN)_3$是否为沉淀？请提供一个方法来验证。

3. P73 【实验3-3】 Fe^{3+} 和 Fe^{2+} 的转化

【实验用品】

药品：$FeCl_3$溶液、铁粉、KSCN溶液、氯水。

仪器：试管、胶头滴管。

【实验步骤】

实验操作	实验现象	实验结论
(1)取2mL$FeCl_3$溶液于试管中加入过量铁粉充分反应,滴入几滴KSCN溶液。		
(2)把上层清液倒入另一只试管中,再滴入几滴氯水。		

【反思与讨论】

本实验中使用的铁粉及氯水分别起什么作用？请列举一些与铁粉和氯水具有相同作用的物质。

4. P74【探究实验】腐蚀印刷电路板

【实验用品】

药品：$FeCl_3$溶液、覆铜板。

仪器：烧杯。

【实验步骤】

实验操作	实验现象	实验结论
取一小块覆铜板，用油性笔在上面画上设计好的图案，浸入盛有$FeCl_3$溶液的小烧杯。一段时间后取出并用水洗净观察实验现象。		

【反思与讨论】

本实验中，为确保使用后的"腐蚀液"得到充分利用，应该如何处理使用后的"腐蚀液"？

【必备知识】

1.铁与水及氧气、硫和氯气反应的现象及产物。

2.氢氧化亚铁的制备方法。

3.三价铁离子和二价铁离子的鉴别方法及相互转化。

【关键能力】

1.[2021·广东]部分含铁物质的分类与相应化合价关系如图所示。下列推断不合理的是（　　）

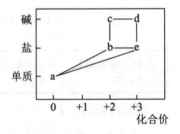

A. a可与e反应生成b

B. b既可被氧化，也可被还原

C. 可将e加入浓碱液中制得d的胶体

D. 可存在b→c→d→e→b的循环转化关系

2.[2021·江苏]下列有关物质的性质与用途不具有对应关系的是（　　）

A. 铁粉能与O_2反应，可用作食品保存的吸氧剂

B. 纳米Fe_3O_4能与酸反应，可用作铁磁性材料

C. $FeCl_3$具有氧化性，可用于腐蚀印刷电路板上的Cu

D. 聚合硫酸铁能水解并形成胶体，可用于净水

3. [2023·浙江]探究铁及其化合物的性质,下列方案设计、现象和结论都正确的是 ( )

选项	实验方案	实验现象	实验结论
A	往$FeCl_2$溶液中加入 Zn 片	短时间内无明显现象	Fe^{2+}的氧化能力比Zn^{2+}弱
B	往$Fe_2(SO_4)_3$溶液中滴加 KSCN 溶液,再加入少量K_2SO_4固体	溶液先变成血红色后无明显变化	Fe^{2+}与SCN^-的反应不可逆
C	将食品脱氧剂样品中的还原铁粉溶于盐酸,滴加 KSCN 溶液	溶液呈浅绿色	食品脱氧剂样品中没有 +3 价铁
D	向沸水中逐滴加 5~6 滴饱和$FeCl_3$溶液,持续煮沸	溶液先变成红褐色再析出沉淀	Fe^{3+} 先水解得$Fe(OH)_3$再聚集成$Fe(OH)_3$沉淀

学生自我评价表			
知识清单	评价内容	分值	自测得分
化学方程式	上述实验中涉及的反应方程式是否书写准确?	3	
氢氧化亚铁的制备	制备氢氧化亚铁沉淀的实验现象能否描述清楚?制备的氢氧化亚铁如何保存?	2	
三价铁离子的鉴别	三价铁离子的鉴别方法有哪些? 如果混有二价铁离子应如何鉴别?	2	
三价铁离子和二价铁离子的相互转化	三价铁离子转化为二价铁离子的方法有哪些? 二价铁离子转化为三价铁离子的方法有哪些?	2	
实验改进	实验完成后,能否提出改进建议以便优化后续实验?	1	
总分		10	

对本课时内容学习的自评:

5. P82【实验3-4】【实验3-5】铝及氧化铝的两性

【实验目的】

1.通过铝和氧化铝与盐酸及氢氧化钠溶液的反应,理解两性的含义。

2.通过这两个实验,熟悉铝和氧化铝的性质。

【实验安全】

注意盐酸和氢氧化钠溶液的腐蚀性，勿直接接触皮肤。

P82【实验3-4】　铝与盐酸的反应

【实验用品】

药品：6mol/L盐酸、铝片、木条。

仪器：试管、胶头滴管、火柴。

【实验步骤】

实验操作	实验现象	实验结论
在一支试管中加入5mL盐酸，再向该试管中投入一小块铝片。观察实验现象。一段时间后，将点燃的木条放在试管口，继续观察实验现象。		

【反思与讨论】

请思考在该反应中如何验证所产生的气体？

P82【实验3-5】　铝及氧化铝与氢氧化钠溶液的反应

【实验用品】

药品：30%氢氧化钠溶液、铝片、木条。

仪器：试管、胶头滴管、火柴、砂纸。

【实验步骤】

实验操作	实验现象	实验结论
在两支试管中分别加入少量NaOH溶液，然后向其中一支试管中放入一小块铝片，向另一支试管中放入用砂纸仔细打磨过的一小块铝片。观察实验现象。一段时间后，将点燃的木条分别放在两支试管口，观察实现现象。		

【反思与讨论】

请思考：当从反应后的溶液中取少量液体置于试管中，并滴加盐酸时，为什么一开始会出现沉淀，而继续滴加则沉淀消失？请解释此现象，并写出相关的化学反应方程式。

【必备知识】

1.铝及氧化铝与氢氧化钠溶液的反应方程式；

2. 铝的冶炼过程。

【关键能力】

1. [组合题]下列说法正确的是（　　　）

A. [2023·浙江卷]铝有强还原性，可用于制作门窗框架

B. [2022·浙江卷]铝土矿的主要成分：Al_2O_3

C. [2021·浙江卷]铁粉与氧化铝发生的铝热反应可用于焊接铁轨

2. [2020·全国卷·节选]某油脂厂废弃的油脂加氢镍催化剂主要含金属 Ni、Al、Fe 及其氧化物，还有少量其他不溶性物质。采用如下工艺流程回收其中的镍制备硫酸镍晶体（$NiSO_4·7H_2O$）：

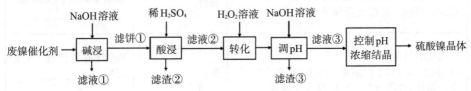

回答下列问题：

（1）"碱浸"中 NaOH 的两个作用分别是_____。为回收金属，用稀硫酸将"滤液①"调为中性，生成沉淀。写出该反应的离子方程式：_____。

学生自我评价表			
知识清单	评价内容	分值	自测得分
化学方程式	上述实验中涉及的反应方程式是否书写准确？	3	
两性概念的理解	我是否能否准确阐述物质具有两性的含义？	2	
铝的两性的应用	在铝的提炼过程中，铝的两性有哪些具体应用？	2	
铝的用途与性质间的关系	我是否清楚铝的用途（例如制作门窗、制造运输浓硫酸的铝罐等）与其性质之间的关联？	2	
实验改进	实验完成后，能否提出改进建议以便优化后续实验？	1	
总分		10	
对本课时内容学习的自评：			

6. P90【实验活动2】　铁及其化合物的性质

【实验目的】

1. 认识铁及其化合物的重要化学性质。

2. 学会铁离子的检验方法。

3. 认识可通过氧化还原反应实现含有不同价态同种元素的物质间的相互转化。

【实验用品】

药品：$CuSO_4$溶液、$FeCl_3$稀溶液、$FeCl_2$溶液、$FeSO_4$溶液、$KMnO_4$酸性溶液、KSCN溶液、KI溶液、淀粉溶液、蒸馏水、锌片、铜片、铁粉、铁丝。

仪器：试管、试管架、量筒、胶头滴管、镊子。

【实验步骤】

实验操作	实验现象	实验结论
1. 铁单质的还原性 在一支试管中加入2 mL $CuSO_4$溶液,再将一段铁丝放入$CuSO_4$溶液中。过一会儿,取出铁丝,观察实验现象。	溶液＿＿＿, 铁丝 ＿＿＿。	金属铁可以从盐溶液中置换出比它更不活泼的金属。发生反应：＿＿＿
2. 铁盐的氧化性 (1)取3 mL $FeCl_3$稀溶液加入试管中,加入几小块铜片,振荡,过一会儿,观察实验现象。	铜片＿＿＿, 溶液＿＿＿。	Fe^{3+}具有氧化性,发生反应：＿＿＿
(2)在一支盛有3 mL水的试管中滴加几滴$FeCl_3$稀溶液,再滴加3滴KI溶液,观察实验现象,再向溶液中滴加2滴淀粉溶液,观察实验现象。	溶液先＿＿＿, 加入淀粉后＿＿＿。	Fe^{3+}具有氧化性,能将碘离子氧化成I_2,I_2使淀粉变蓝色,发生反应：＿＿＿
3. 亚铁盐的氧化性和还原性 (1)氧化性:取3 mL $FeCl_2$溶液加入试管中,加入几小块锌片,振荡,过一会儿,观察实验现象。	溶液＿＿＿, 锌片＿＿＿。	Fe^{2+}具有氧化性,发生反应：＿＿＿
(2)还原性:在一支试管中加入少量$KMnO_4$酸性溶液,然后向试管中加入少量$FeSO_4$溶液,观察溶液的颜色变化。当溶液紫色褪去时,再滴加2滴KSCN溶液,观察实验现象。	先观察到溶液＿＿＿,滴加KSCN溶液后,可观察到溶液＿＿＿。	Fe^{2+}具有还原性;Fe^{3+}与KSCN溶液反应,生成血红色溶液,发生反应：＿＿＿
4. 铁离子的检验 (1)在一支试管中加入2 mL蒸馏水,再滴加几滴$FeCl_3$稀溶液,然后滴加几滴KSCN溶液,观察实验现象。	溶液＿＿＿。	发生反应：＿＿＿
(2)在一支试管中加入少量$FeCl_3$稀溶液,然后加入适量铁粉,轻轻振荡片刻,溶液变为浅绿色,再滴加几滴KSCN溶液,观察实验现象。	溶液＿＿＿。	发生反应：＿＿＿

【反思与讨论】

1. 为什么保存硫酸亚铁时需要加入铁粉？

2. 服用补铁剂（含亚铁离子）时，与Vc同服效果更佳，Vc起到什么作用呢？

3. 暖宝宝里的主要成分含铁粉，其化学原理是什么？

4. 铁单质的还原性有哪些具体表现？请具体说明。

5. 为了提高皮革的耐曲折强度以及耐化学药剂和微生物的作用，常常使用绿矾作为鞣革剂。绿矾晶体（$FeSO_4 \cdot 7H_2O$）由于保存不妥或长久放置，容易被空气中的氧气氧化而变质。为探究绿矾样品的变质情况，化学兴趣小组的同学设计了下列实验方案。

可供选择的试剂：硫氰化钾溶液、酸性高锰酸钾溶液、氯水、氢氧化钠溶液、氯化钡溶液、铁粉，请参与完成方案设计。

实验准备：取少量绿矾样品，用蒸馏水在烧杯中配成溶液。
①如何证明绿矾已被氧化？
②如何证明绿矾已完全被氧化？
③为了防止绿矾溶液被氧化，如何操作？

6. 在一支试管中加入2mL70%的浓硝酸溶液和铁丝后，观察现象并解释原因。再将溶液加热，观察现象，并加以解释。

【必备知识】

1. 铁单质的化学性质（金属单质的通性）。
2. Fe^{3+}的化学性质（氧化性）。
3. Fe^{2+}的化学性质（还原性和氧化性）。
4. Fe^{3+}、Fe^{2+}的检验方法。

【关键能力】

1. [2022.6·浙江]关于化合物$FeO(OCH_3)$的性质，下列推测不合理的

是（　　）

A. 与稀盐酸反应生成 $FeCl_3$、CH_3OH、H_2O

B. 隔绝空气加热分解生成 FeO、CO_2、H_2O

C. 溶于氢碘酸（HI），再加 CCl_4 萃取，有机层呈紫红色

D. 在空气中，与 SiO_2 高温反应能生成 $Fe_2(SiO_3)_3$

2. [2022·1·浙江]下列说法正确的是（　　）

A. 铁与碘反应易生成碘化铁

B. 电解 $ZnSO_4$ 溶液可以得到 Zn

C. 用石灰沉淀富镁海水中的 Mg^{2+}，生成碳酸镁

D. SO_2 通入 $BaCl_2$ 溶液中生成 $BaSO_3$ 沉淀

3. [2020·新课标Ⅱ]北宋沈括《梦溪笔谈》中记载："信州铅山有苦泉，流以为涧。挹其水熬之则成胆矾，烹胆矾则成铜。熬胆矾铁釜，久之亦化为铜。"下列有关叙述错误的是（　　）

A. 胆矾的化学式为 $CuSO_4$

B. 胆矾可作为湿法冶铜的原料

C. "熬之则成胆矾"是浓缩结晶过程

D. "熬胆矾铁釜，久之亦化为铜"是发生了置换反应

4. [2019·江苏]下列有关化学反应的叙述正确的是（　　）

A. Fe 在稀硝酸中发生钝化

B. MnO_2 和稀盐酸反应制取 Cl_2

C. SO_2 与过量氨水反应生成 $(NH_4)_2SO_3$

D. 室温下 Na 与空气中 O_2 反应制取 Na_2O_2

学生自我评价表			
知识清单	评价内容	分值	自测得分
铁单质的还原性	我是否知道铁单质的还原性对应的反应原理？	2	
铁盐的氧化性	我是否知道铁盐的氧化性对应的反应原理？	3	
亚铁盐的氧化性和还原性	我是否知道亚铁盐的氧化性和还原性对应的反应原理？	3	
铁离子的检验	我是否知道铁离子的检验方法？	2	
总分		10	
对本课时内容学习的自评：			

第4实验单元 必修1第四章 原子结构与元素周期表

P100【探究】碱金属化学性质的比较 P109【探究】第三周期元素的递变

【实验目的】

1.通过碱金属的化学性质和第三周期金属元素的化学性质,归纳出周期表中金属性质的递变性。

2.学会设计金属强弱实验,通过实验现象验证自己的预测,并能从原子结构的角度分析金属的递变性。

【实验安全】

注意钾的取用,严格控制使用的量,以防止发生危险。

1.P100【探究实验】碱金属化学性质的比较

【实验用品】

药品:钾、酚酞。

仪器:坩埚、镊子、铁三角、泥三角、烧杯。

【实验步骤】

实验操作	实验现象	实验结论
(1)先将干燥的坩埚加热,切取绿豆大小的钾,用镊子夹取迅速投到热坩埚中,继续加热,待钾融化立即撤掉酒精灯,观察实验现象。		
(2)在烧杯中加入一些水,滴加几滴酚酞溶液。切取绿豆大的钾,用镊子夹取投入水中,观察实验现象。		

【反思与讨论】

请通过实验观察对比钾与钠的活性强弱,并从原子结构的角度进行解释。

2. P109【探究实验】第三周期元素性质的递变

【实验用品】

药品：镁条、酚酞、1mol/LAlCl₃溶液、氨水、2mol/L 盐酸、2mol/LNaOH溶液、2mol/LMgCl₂溶液。

仪器：试管、胶头滴管、酒精灯、砂纸。

【实验步骤】

实验操作	实验现象	实验结论
(1)取一小段镁条用砂纸打磨后放入试管,再往试管中滴加2mL水,2滴酚酞,振荡,观察实验现象。过一会儿,加热试管至液体沸腾,观察实验现象。		
(2)取一支试管加入2mL1mol/L AlCl₃溶液,再滴加氨水至不再产生白色沉淀,过滤出沉淀,分装于两支试管中,一支滴加2mol/L盐酸,另一支试管滴加2mol/L NaOH溶液,观察实验现象。		
(3)取一支试管加入2mL1mol/L MgCl₂溶液,再滴加氨水至不再产生白色沉淀,过滤出沉淀,分装于两支试管中,一支滴加2mol/L盐酸,另一支试管滴加2mol/L NaOH溶液,观察实验现象。		

【反思与讨论】

请通过观察对比出 Mg 和 Al 的金属性强弱并对第三周期的元素金属性强弱推测，同时归纳比较金属的金属性强弱的一些方法。

【必备知识】

1.原子结构与金属性质的关系。

2.同族及同周期元素的金属性的递变规律。

3.掌握比较金属性的方法。

【关键能力】

1.[北京高考]2016 年 IUPAC 命名 117 号元素为 Ts（中文名"鿬"，tián），Ts 的原子核外最外层电子数是 7，下列说法不正确的是（　　　）

A. Ts 是第七周期第ⅦA族元素

B. Ts 的同位素原子具有相同的电子数

C. Ts在同族元素中非金属性最弱

D. 中子数为176的Ts核素符号是 $^{176}_{117}Ts$

2.[2021·北京]下列性质的比较，不能用元素周期律解释的是（　　）

A. 酸性：$HClO_4 > H_2SO_3 > H_2SiO_3$

B. 碱性：$KOH > NaOH > LiOH$

C. 热稳定性：$H_2O > H_2S > PH_3$

D. 非金属性：$F > O > N$

3.[2020·江苏]海水晒盐后精制得到NaCl，氯碱工业电解饱和NaCl溶液得到Cl_2和NaOH，以NaCl、NH_3、CO_2等为原料可得到$NaHCO_3$；向海水晒盐得到的卤水中通Cl_2可制溴；从海水中还能提取镁。下列关于Na、Mg、Cl、Br元素及其化合物的说法正确的是（　　）

A. NaOH的碱性比Mg（OH）$_2$的强

B. Cl_2得到电子的能力比Br_2的弱

C. 原子半径r：$r(Br) > r(Cl) > r(Mg) > r(Na)$

D. 原子的最外层电子数n：$n(Na) < n(Mg) < n(Cl) < n(Br)$

学生自我评价表			
知识清单	评价内容	分值	自测得分
化学方程式	上述实验中涉及的反应方程式是否书写准确？	3	
原子结构与金属性质的关系	我能否从原子结构的角度解释所看到的实验现象？	2	
同族及同周期元素金属性的递变规律	同族及同周期元素金属性的递变规律是什么？	2	
比较金属性的方法	我是否清楚比较金属性的方法并能够通过实验验证？	2	
实验改进	实验完成后，能否提出改进建议以便优化完善实验？	1	
总分		10	
对本课时内容学习的自评：			

3. P122【实验活动3】同周期、同主族元素性质的递变

【实验目的】

1. 加深对同周期、同主族元素性质递变规律的认识。

2. 体会元素周期表和元素周期律在学习元素化合物知识中的重要作用。

【实验用品】

药品：镁条、新制的氯水、溴水、NaBr 溶液、NaI 溶液、$MgCl_2$ 溶液、$AlCl_3$ 溶液、1 mol/L NaOH 溶液、酚酞溶液。

仪器：试管、试管夹、试管架、量筒、胶头滴管、酒精灯、白色点滴板、镊子、砂纸、火柴。

【实验安全】

NaOH 溶液有腐蚀性，使用时需要注意安全。

【实验步骤】

实验操作	实验现象	实验结论
1. 同主族元素性质的递变 (1) 在点滴板的 3 个孔穴中分别滴入 3 滴 NaBr 溶液、NaI 溶液和新制的氯水,然后各向 NaBr 溶液和 NaI 溶液中滴入 3 滴新制的氯水,观察实验现象。		因为氧化性:$Cl_2>$ $Br_2>I_2$,发生反应:_____。
(2) 在点滴板的两个孔穴中分别滴入 3 滴 NaI 溶液和溴水,然后向 NaI 溶液中滴入 3 滴溴水,观察实验现象。		因为氧化性:$Br_2>$ I_2,发生反应:_____ _____。
2. 同周期元素性质的递变 (1) 钠、镁与水的反应 ① 向盛有冷水的烧杯中加入一块绿豆粒大小的钠块,用砂纸打磨掉镁条表面的氧化物,再向盛有冷水的试管中加入一小块已用砂纸打磨好的镁条,并分别滴入 3 滴酚酞溶液,观察实验现象。	放钠块的烧杯_____ _____,放镁块的烧杯_____。	发生反应:_____ _____。
② 向一支试管加入少量冷水,并加入一小块已用砂纸打磨好的镁条,用酒精灯加热至沸腾,滴入 3 滴酚酞溶液,然后观察实验现象。		
综述:_____		
(2) $Mg(OH)_2$、$Al(OH)_3$ 的碱性强弱比较 ① 向一支试管中加入少量 $MgCl_2$ 溶液,然后逐滴滴加 1 mol·L^{-1} NaOH 溶液直至过量,观察实验现象。		
② 向另一支试管中加入少量 $AlCl_3$ 溶液,然后逐滴滴加 1 mol·L^{-1} NaOH 溶液直至过量,观察实验现象。		
综述:_____		

【反思与讨论】

1. 实验中所用的氯水为什么要用新配制的？

2. 通过上面的两组实验，你能得出什么结论？通过本实验活动，你对原子结构与元素性质的关系及元素周期律（表）有什么新的认识？

3. 为了比较氯与碳元素的非金属性强弱，可否用盐酸与碳酸钠反应生成了二氧化碳，得出氯元素的非金属性大于碳？为什么？

4. 实验中为什么要将镁条用砂纸打磨至光亮？

5. 如何根据原子结构判断钠、镁、铝金属性的强弱？

6. 可以从金属及其化合物的哪些性质递变来推测金属性的强弱？

【必备知识】

1. 元素金属性强弱的判定方法及知识延伸。
2. 元素非金属性强弱的判定方法及知识延伸。
3. 碱金属及卤素的物理及化学性质。

【关键能力】

1. [天津高考]根据元素周期表和元素周期律，判断下列叙述不正确的是（　　）

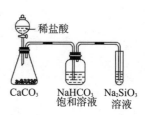

稀盐酸

$CaCO_3$　　NaHCO₃ 饱和溶液　　Na₂SiO₃ 溶液

A. 气态氢化物的稳定性：$H_2O>NH_3>SiH_4$

B. 氢元素与其他元素可形成共价化合物或离子化合物

C. 如图所示实验可证明元素的非金属性：$Cl>C>Si$

D. 用中文"鿫"（ào）命名的第118号元素在周期表中位于第七周期0族

2. [2022·广东]甲～戊均为短周期元素，在元素周期表中的相对位置如图所示。戊的最高价氧化物对应的水化物为强酸。下列说法不正确的是（　　）

甲		乙
丙	丁	戊

A. 原子半径：丁＞戊＞乙

B. 非金属性：戊＞丁＞丙

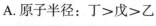

C.甲的氢化物遇氯化氢一定有白烟产生

D.丙的最高价氧化物对应的水化物一定能与强碱反应

学生自我评价表			
知识清单	评价内容	分值	自测得分
同主族元素性质的递变规律	我是否知道同主族元素性质的递变规律?	3	
同周期元素性质的递变规律	我是否知道同周期元素性质的递变规律?	3	
元素周期律的应用	我是否知道元素周期律有哪些常见应用?	3	
元素位置、结构与性质的关系	我是否知道元素位置、结构与性质的关系?	1	
总分		10	
对本课时内容学习的自评:			

第5实验单元　必修2第五章　化工生产中的重要非金属元素

硫及其化合物的性质

P3【实验5-1】P4【实验5-2】P5【实验5-3】P6【实验5-4】P30【实验活动5】

【实验目的】

1.通过实验掌握硫及其化合物的性质。

2.掌握硫酸根离子的检验方法以及不同价态含硫物质的转化。

【实验安全】

浓硫酸具有强腐蚀性,勿直接接触皮肤;制备二氧化硫时注意通风。

1. P3【实验5-1】二氧化硫溶于水实验

【实验用品】

药品:SO_2。

仪器:玻璃棒、pH试纸、水槽、试管。

【实验步骤】

实验操作	实验现象	实验结论
(1)把充满 SO_2、塞有橡胶塞的试管倒立在水中,在水面下打开橡胶塞,观察试管内液面的上升。待液面高度不再明显变化时,在水下用橡胶塞塞紧试管口,取出试管。 (2)用 pH 试纸测定试管中溶液的酸碱度。		

【反思与讨论】

请仔细观察课本上二氧化硫溶于水的反应,说一说可逆反应与以前学的非可逆反应有什么区别。

2. P4【实验 5-2】二氧化硫的漂白性

【实验用品】

药品：SO₂水溶液、品红溶液。

仪器：试管、玻璃棒。

【实验步骤】

实验操作	实验现象	实验结论
用试管取 2 mL SO₂水溶液，向其中滴入 2 滴品红溶液，振荡，观察溶液的颜色变化。然后加热试管，注意通风，再观察溶液的变化。		

【反思与讨论】

对比二氧化硫与氯水的漂白性的差异。

3. P6【实验 5-4】硫酸根离子的检验

【实验用品】

药品：稀盐酸、稀硫酸、Na₂SO₄溶液、Na₂CO₃溶液、BaCl₂溶液。

仪器：试管、胶头滴管。

【实验步骤】

实验操作	实验现象	实验结论
在三支试管中分别加入少量稀硫酸、Na₂SO₄溶液和 Na₂CO₃溶液，然后各滴入几滴 BaCl₂溶液，观察实验现象。再分别加入少量稀盐酸，振荡，观察实验现象。		

【反思与讨论】

如果先加 BaCl₂溶液再滴加盐酸，溶液中有白色沉淀能说明溶液中有硫酸根离子吗？

4. P5【实验 5-3】P8、P30【实验活动 5】不同价态含硫物质的转化

【实验用品】

药品：浓硫酸、铜片、硫粉、铁粉、硫化钠溶液、酸性高锰酸钾溶液、氢氧化钠溶液、亚硫酸溶液、品红溶液。

仪器：试管、托盘天平、量筒、酒精灯、铁架台、试管架、橡胶塞、乳胶管、胶头滴管、玻璃导管、陶土网、玻璃棒、药匙、棉花、镊子、火柴。

【实验步骤】

实验操作	实验现象	实验结论
(1)向盛有 1 mL 硫化钠溶液的试管中,边振荡边滴加亚硫酸溶液,观察实验现象。		
(2)向盛有 1 mL 硫化钠溶液的试管中,边振荡边滴加酸性高锰酸钾溶液,观察实验现象。		
(3)在带导管的橡胶塞侧面挖一个凹槽,并嵌入下端卷成螺旋状的铜丝。在试管中加入 2 mL 浓硫酸,塞好橡胶塞,使铜丝与浓硫酸接触。加热,将产生的气体通入品红溶液,观察实验现象。向外拉铜丝,终止反应。冷却后,将试管里的物质慢慢倒入盛有少量水的另一支试管里,观察溶液的颜色。		
(4)将 0.5g 硫粉和 1.0g 铁粉均匀混合,放在陶土网上堆成条状。用灼热的玻璃棒触及混合粉末的一端,当混合物呈红热状态时,移开玻璃棒,观察并记录实验现象。		

【反思与讨论】

1. 请通过实验分析对比氯气和硫的氧化性强弱，并提供依据。

2. 请提供一种方法鉴别硫粉与铁粉的产物。

【必备知识】

1. 硫单质、二氧化硫、浓硫酸的性质；

2. 二氧化硫的漂白性、氧化性和还原性；

3. 浓硫酸的主要性质及应用；

4. 硫酸根离子的鉴别，不同价态含硫物质的转化。

【关键能力】

1.[北京高考]根据SO_2通入不同溶液中的实验现象，所得结论不正确的是（　　）

选项	实验操作	实验现象	实验结论
A	含 HCl、$BaCl_2$ 的 $FeCl_3$ 溶液	产生白色沉淀	SO_2 有还原性
B	H_2S 溶液	产生黄色沉淀	SO_2 有氧化性
C	酸性 $KMnO_4$ 溶液	紫色溶液褪色	SO_2 有漂白性
D	Na_2SiO_3 溶液	产生胶状沉淀	酸性：$H_2SO_3 > H_2SiO_3$

2.[2022·江苏]实验室制取少量SO_2水溶液并探究其酸性，下列实验装置和操作不能达到实验目的的是（　　）

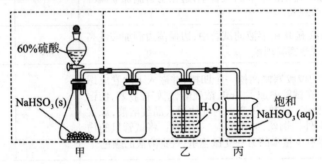

A. 用装置甲制取 SO_2 气体

B. 用装置乙制取 SO_2 水溶液

C. 用装置丙吸收尾气中的 SO_2

D. 用干燥 pH 试纸检验 SO_2 水溶液的酸性

3.[2022·广东]若将铜丝插入热浓硫酸中进行如图（a～d均为浸有相应试液的棉花）所示的探究实验，下列分析正确的是（　　）

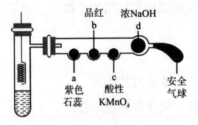

A. Cu 与浓硫酸反应，只体现 H_2SO_4 的酸性

B. a 处变红，说明 SO_2 是酸性氧化物

C. b或c处褪色，均说明SO_2具有漂白性

D. 试管底部出现白色固体，说明反应中无H_2O生成

4. [2021·辽宁]含S元素的某钠盐a能发生如图转化。下列说法错误的是（　　）

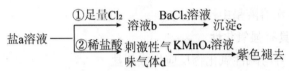

A. a可能为正盐，也可能为酸式盐　　B. c为不溶于盐酸的白色沉淀

C. d为含极性键的非极性分子　　D. 反应②中还可能生成淡黄色沉淀

5. [2021·天津]关于反应$H_2SO_4 + Na_2SO_3 = Na_2SO_4 + SO_2\uparrow + H_2O$所涉及的物质，下列说法错误的是（　　）

A. H_2SO_4在该反应中为氧化剂

B. Na_2SO_3容易被空气中的O_2氧化变质

C. Na_2SO_4是含有共价键的离子化合物

D. SO_2是导致酸雨的主要有害污染物

6. [2021·北京]室温下，1体积的水能溶解约40体积的SO_2。用试管收集SO_2后进行如下实验。对实验现象的分析正确的是（　　）

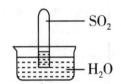

A. 试管内液面上升，证明SO_2与水发生了反应

B. 试管中剩余少量气体，是因为SO_2的溶解已达饱和

C. 取出试管中的溶液，立即滴入紫色石蕊试液，溶液显红色，原因是：$SO_2 + H_2O \rightleftharpoons H_2SO_3$、$H_2SO_3 \rightleftharpoons H^+ + HSO_3^-$、$HSO_3^- \rightleftharpoons H^+ + SO_3^{2-}$

D. 取出试管中溶液，在空气中放置一段时间后pH下降，是由于SO_2挥发

7. [2021·山东]工业上以SO_2和纯碱为原料制备无水$NaHSO_3$的主要流程如图，下列说法错误的是（　　）

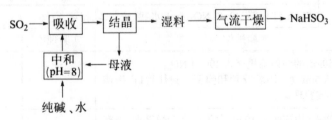

A. 吸收过程中有气体生成

B. 结晶后母液中含有$NaHCO_3$

C. 气流干燥湿料时温度不宜过高

D. 中和后溶液中含 Na_2SO_3 和 $NaHCO_3$

8. [2020·浙江]100%硫酸吸收 SO_3 可生成焦硫酸（分子式为 $H_2S_2O_7$ 或 $H_2SO_4 \cdot SO_3$），下列说法不正确的是（　　　）

A. $Na_2S_2O_7$ 水溶液呈中性

B. 焦硫酸具有强氧化性

C. $Na_2S_2O_7$ 可与碱性氧化物反应生成新盐

D. 100%硫酸吸收 SO_3 生成焦硫酸的变化是化学变化

学生自我评价表			
知识清单	评价内容	分值	自测得分
化学方程式	上述实验中涉及的反应方程式是否书写准确？	3	
二氧化硫的漂白性、还原性及氧化性的体现	我能否将二氧化硫的相关化学反应与其性质的具体体现相联系？	2	
二氧化硫的制备	我能否清晰描述二氧化硫的制备方法、鉴别方法及尾气处理方法？	2	
硫酸根离子的鉴别	我是否知道硫酸根离子鉴别的试剂是什么及滴加的顺序是怎样的？	2	
实验改进	实验完成后能否提出改进建议以便完善实验？	1	
总分		10	
对本课时内容学习的自评：			

氮及其化合物

5. P13【实验5-5】二氧化氮溶于水的实验

实验名称	二氧化氮溶于水的实验		
实验用品	50mL注射器、20mL NO_2、5mL水、弹簧夹、乳胶管、空气。		
实验操作		实验现象	实验结论
(1) 在一支50mL的注射器里充入20mL NO_2。 (2) 然后吸入5mL水，用乳胶管和弹簧夹封住管口，振荡注射器，观察实验现象。			
(3) 打开弹簧夹，快速吸入10mL空气后夹上弹簧夹，观察实验现象。			

【反思与讨论】

1.请写出上述实验过程中的相关反应方程式。

2.请预测二氧化氮与氢氧化钠溶液的反应情况。

6. P13【实验 5-6】氨溶于水、喷泉实验

实验名称	氨溶于水、喷泉实验		
实验用品	圆底烧瓶、胶头滴管、橡胶塞、玻璃管、烧杯		
实验操作		实验现象	实验结论
(1)在干燥的圆底烧瓶里充满 NH_3,用带有玻璃管和胶头滴管(预先吸入水)的橡胶塞塞紧瓶口。 (2)倒置烧瓶,使玻璃管插入盛有水的烧杯中(预先在水里滴入少量酚酞溶液)。打开弹簧夹,挤压胶头滴管,使少量水进入烧瓶。观察并描述现象,分析出现这些现象的可能原因。			

【反思与讨论】

1.请小结喷泉实验发生的原理。

2.请思考中学化学中还有哪些气体可以做喷泉实验?

7. P14【实验 5-7】铵盐与强碱反应

实验名称	铵盐与强碱反应		
实验用品	三支大试管、量筒、酒精灯、试管夹、NH_4Cl 溶液、NH_4NO_3 溶液、$(NH_4)_2SO_4$ 溶液、NaOH 溶液、红色石蕊试纸		
实验操作		实验现象	实验结论
(1)向盛有少量 NH_4Cl 溶液、NH_4NO_3 溶液和 $(NH_4)_2SO_4$ 溶液的三支试管中分别加入 NaOH 溶液并加热(注意通风)。			
(2)用镊子夹住一片湿润的红色石蕊试纸放在试管口,观察现象。			

【反思与讨论】

小结铵盐与碱反应的规律。

【阅读材料】

材料1　丁志忠，卢新生，李榕. 氨气制备及性质验证实验装置改进[J]. 山东化工 2023，52（08）.

称取 2g 固体 NH_4Cl 和 2g 固体 $Ca(OH)_2$ 于试管中，并混匀后装入试管底部铺开，来制取氨气；在塑料洗瓶中加水至透气孔附近，并在其中加入几滴酚酞试液，一方面检验氨的弱碱性，一方面增强喷泉效果；在集气瓶 1 中加入浓盐酸，通过浓氨水和浓盐酸这种挥发性酸相遇之后会产生白烟，在集气瓶 2 中加入 1% 的 $FeCl_3$ 溶液，过量氨气和三氯化铁溶液反应，就会生成红褐色的氢氧化铁沉淀，用来验证氨的弱碱性；集气瓶 3 中加入 1% 的 $CoCl_2$ 溶液，来验证氨的配位反应。（已知：氨的配位化合物一般有玫瑰红色的 $[Co(NH_3)5H_2O]Cl_3$、黄色的 $[Co(NH_3)_6]Cl_3$、深蓝色的 $[Cu(NH_3)_4]Cl_2$、玫瑰红色的 $[Co(NH_3)_6]Cl_2$。）如图 1 所示。

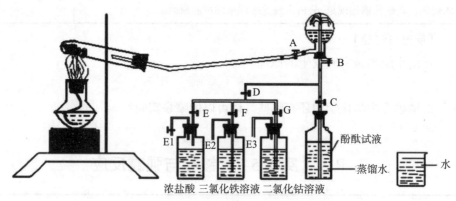

图1　氨气的制备及性质验证一体化实验装置

材料2　刘艺，吴双桃. 氨气制备及性质验证实验装置改进，中学化学《氨》的一体化实验装置设计[J]. 中学教学参考，2017.（05）.

此装置可分为三个部分，能分别完成氨的制备、氨的挥发性和弱碱性检验实验以及喷泉实验等多个实验。（仪器：试管、烧杯、漏斗、导管、针筒、玻璃棒、三颈圆底烧瓶、干燥管、酒精灯、橡胶塞、木块、铁架台、止水夹、石蕊试纸、橡皮胶管。）如图 2 所示。

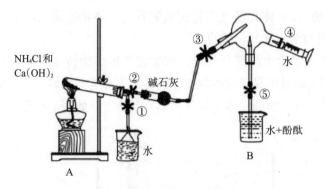

图2　氨的一体化实验装置

材料3　林丽澎，林珩.氨气制备及性质验证实验装置改进，一种简易的多功能中学化学实验教学装置[J].闽南师范大学学报自然科学版，2017，(30).

实验仪器：铁架台两个，U型管一个，注射器一支，胶头滴管一支，铁夹，直角形通气管，侧泡具支试管，止水夹一个等。如图3所示。

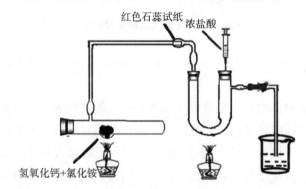

图3　氨气的制备及性质改进实验

材料4　周瑞尊的蓝色发光的喷泉实验。

取一干燥而洁净的500毫升圆底烧瓶，用向下排气法收集一瓶氨气，用带有胶头滴管的塞子塞紧瓶口，并将烧瓶倒置在铁架台的铁圈上。然后在导气管处连接一个T型玻璃导气管，该管与A、B两种溶液相通。A、B两种溶液分别盛于两个烧杯中。实验开始时，打开弹簧夹，轻轻挤压滴管的胶头，使少量水进入烧瓶。由于氨气的溶解，圆底烧瓶中气压降低，导致溶液A和溶液B的液面同时下降，两种溶液都进入圆底烧瓶并在其中混合，产生耀眼的蓝色发光喷泉。（已知：氨基苯二酰一肼被过氧化氢氧化会发光。此现象证明化学能可以转化为光能。）

材料5 易胜.一体化氨气喷泉实验装置,一体化喷泉实验装置的设计与应用[J].化学教与学,2022,(22).

为解决传统实验中的部分问题,探索将演示实验转化为学生实验的可能性,本文采用实验室中易获取的仪器,组装出一套成本低廉、制作简单的气体制备、收集、除杂、检验一体化氨气喷泉实验装置。如图4所示。

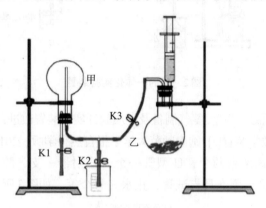

图4　一体化氨气喷泉实验装置

材料6 张光亚,李杰,等.基于氨气制备的鲁米诺双色荧光喷泉[J],大学化学,2022,37(05).

装置组装步骤:把两个喷泉发生装置——三颈烧瓶固定在铁架台上,利用玻璃导管和橡皮管串联接通,形成闭合通路;然后氨气发生装置通过玻璃导管和装有碱石灰的干燥管连接,通过T型管和尾气吸收装置相连;最后,在装置的最右端连接验满及尾气吸收装置,把倒置的短颈漏斗放入盛有蒸馏水的烧杯中(蒸馏水没过漏斗口处即可);再通过玻璃导管连接三颈烧瓶和鲁米诺试剂,最后吸取9~10 mL蒸馏水的注射器连接针头。如图5所示。

试剂:鲁米诺、氢氧化钠、铁氰化钾、过氧化氢(30%)、浓氨水(25%)、碱石灰、酚酞、凡士林、罗丹明B、荧光紫、荧光绿、荧光大红,均为分析纯(AR)试剂。

仪器:铁架台、三颈烧瓶、锥形瓶、直型玻璃导管、钝角玻璃导管、T型管、干燥管、烧杯、玻璃棒、量筒、短颈玻璃漏斗、针管注射器、止水夹、石英研钵、胶头滴管、药匙、橡胶塞、橡胶管、表面皿、脱脂棉、电子天平、磁力搅拌器。

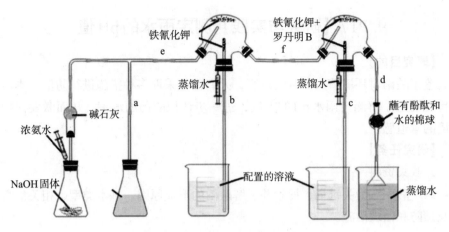

浓氨水　NaOH固体　碱石灰　a　铁氰化钾　e　蒸馏水　b　配置的溶液　铁氰化钾+罗丹明B　f　蒸馏水　c　d　蘸有酚酞和水的棉球　蒸馏水

图5　一体化氨气喷泉实验装置

8. P15【实验5-8】硝酸与铜反应

实验名称	硝酸与铜反应		
实验用品	具支试管、烧杯、玻璃导管、铜丝、稀硝酸、浓硝酸、氢氧化钠溶液		
装置图	实验操作	实验现象	实验结论
铜丝　硝酸　NoOH液溶　硝酸与铜反应　图片来源：人教版必修2	(1) 在橡胶塞的侧面挖出一个凹槽，并将下端卷成螺旋状的铜丝嵌入其中。 (2) 分别向两支具支试管中加入2mL的浓硝酸和稀硝酸，之后用橡胶塞塞紧试管口，确保铜丝与硝酸接触。 (3) 观察并记录实验现象，随后向上拉动铜丝，以终止反应。		

【反思与讨论】

思考如何对该实验进行改进，以使其更加符合绿色化学的原则。

9. P17【研究与实践】测定雨水的pH值

【研究目的】

鉴于酸雨对环境造成的巨大危害,人们已经采取多种措施进行防治。本活动旨在通过了解测定雨水pH的方法,进一步认识酸雨的危害,从而激发保护环境的紧迫感。

【研究任务】

1. 收集资料

以"酸雨"为关键词,搜索并了解酸雨的形成原因、基本类型、相关危害以及预防和治理措施。

2. 测定雨水的pH

根据收集的资料,确定测定雨水pH的流程和方法,并进行实践操作,对所得结果进行分析和讨论。可参考以下步骤:

①在下雨时,直接使用容器收集雨水作为样品,静置后与蒸馏水或自来水进行外观上的观察和比较;

②利用pH试纸(或pH计)分别测量雨水和蒸馏水的酸度,并做好记录;

③如果条件允许,可连续收集样品并测定一段时间内(例如一周)本地雨水、地表水或自来水的pH,将得到的数据以列表或图形形式呈现,以确定该时间段内所在地区水体的平均酸度。

【反思与讨论】

1. 根据所测得的数据判断本次降雨是否为酸雨。如为酸雨,请深入分析其可能的形成原因,并提出减少酸雨危害的合理化建议。

2. 请就本次实践活动及其结果发表个人见解,撰写研究报告,并与同学进行深入的交流和讨论。

【必备知识】

固氮、氮氧化物、氨气的性质及其制备方法、铵态氮肥、浓稀硝酸以及含氮化合物对环境的影响、绿色化学理念、元素与物质的分类方法、元素的常见化合价、电解质溶液的电离现象、离子反应、氧化还原反应等基本概念和原理。

【关键能力】

信息理解能力、实验设计能力、数据处理能力、信息转化能力、动手操作能力、语言表达能力、归纳概括能力、批判性思维能力。

1.[海南高考]干燥的二氧化碳和氨气反应可生成氨基甲酸铵固体，化学方程式为：$2NH_3(g)+CO_2(g)\rightleftharpoons NH_2COONH_4(s)$ $\Delta H<0$，在四氯化碳中通入二氧化碳和氨制备氨基甲酸铵的实验装置如下图所示，回答下列问题：

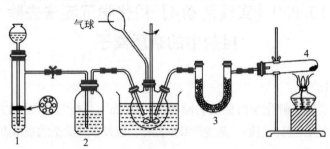

（1）装置1用来制备二氧化碳气体：将块状石灰石放置在试管中的带孔塑料板上，漏斗中所加试剂为_____；装置2中所加试剂为_____。

（2）装置4中试剂为固体NH_4Cl和$Ca(OH)_2$，发生反应的化学方程式为_____；试管口不能向上倾斜的原因是_____。装置3中试剂为KOH，其作用为_____。

（3）反应时三颈瓶需用冷水浴冷却，其目的是_____。

2.[重庆高考]某兴趣小组设计出右图所示装置来改进教材中"铜与硝酸反应"实验，以探究化学实验的绿色化。

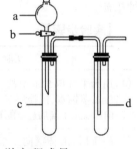

（1）实验前，关闭活塞b，试管d中加水至浸没长导管口，塞紧试管c和d的胶塞，加热c。其目的是_____。

（2）在d中加适量NaOH溶液，c中放一小块铜片，由分液漏斗a向c中加入2 mL浓硝酸。c中反应的化学方程式是_____。再由a向c中加2 mL蒸馏水，c中的实验现象是_____。

（3）右表是制取硝酸铜的三种方案，能体现绿色化学理念的最佳方案是_____。理由是_____。

方案	反应物
甲	Cu、浓HNO_3
乙	Cu、稀HNO_3
丙	Cu、O_2、稀HNO_3

（4）该小组还用上述装置进行实验证明氧化性 $KMnO_4 > Cl_2 > Br_2$。操作步骤为＿＿＿＿，实验现象为＿＿＿＿；但此实验的不足之处是＿＿＿＿。

10. P29【实验活动4】用化学沉淀法去除
粗盐中的杂质离子

【实验目的】

1. 通过实验了解化学沉淀法去除粗盐中的 Ca^{2+}、Mg^{2+}、SO_4^{2-}的方法。

2. 熟练掌握溶解、过滤、蒸发等基本操作，以及掌握除杂的基本思路和流程。

【实验用品】

药品：粗盐、蒸馏水、0.1mol/L $BaCl_2$ 溶液、20% NaOH 溶液、饱和 Na_2CO_3 溶液、6mol/L 盐酸、pH试纸。

仪器：烧杯、托盘天平、量筒、酒精灯、铁架台、试管架、坩埚钳、蒸发皿、胶头滴管、陶土网、玻璃棒、药匙、滤纸、镊子、火柴、试管。

【实验安全】

进行实验时，需要注意通风、酒精灯的安全使用以及氢氧化钠溶液的防腐蚀措施。

【实验步骤】

实验操作	实验现象	实验结论
（1）用天平称取5.0g粗盐，放入100mL烧杯，然后加入20mL蒸馏水，搅拌溶解。 （2）向粗盐水中滴加过量的$BaCl_2$溶液（2～3mL），观察。		
（3）静置后，沿杯壁向上层清液中继续滴加2～3滴$BaCl_2$溶液，观察。		
（4）向粗盐水中滴加过量的NaOH溶液（约0.25mL），然后滴加过量的饱和Na_2CO_3溶液（2～3mL），观察。		
（5）取上层清液分别置于两支试管中，一支滴加NaOH溶液，另一支滴加饱和Na_2CO_3溶液，观察现象。		
（6）过滤。 （7）向滤液中滴加盐酸，同时用玻璃棒搅拌，直至无气泡产生，之后用pH试纸检验溶，确保其液呈中性或微酸性。 （8）将滤液倒入蒸发皿，酒精灯加热，同时用玻璃棒不断搅拌。当出现较多固体时，停止加热，利用余热将液体蒸干。最后将蒸发皿置于陶土网上进行冷却。		

【反思与讨论】

1.本实验中，试剂的加入顺序是什么？如果改变试剂的加入顺序，能否达到相同的实验目的？

2.为什么每次加入的试剂都需要略微过量？在实验的第七步中，加入盐酸的目的是什么？

3.实验的第六步和第七步操作顺序是否可以调换？为什么？

【必备知识】

在化学实验中，除杂过程需要遵循的一些基本原则：

1.需要合理选择除杂方法及装置。例如，当 Na_2CO_3 与 $NaHCO_3$ 固体混合时，可以通过加热分解的方法进行除杂，而无需将其配成溶液后再选择试剂进行除杂。

2.混合溶液除杂的一般流程：明确杂质（需要去除的离子）→选择除杂试剂（这些试剂能够与杂质离子结合生成沉淀或气体）→设计试剂的添加顺序（主要考虑最终过量的试剂是否能够被有效去除）。

【关键能力】

1.[2023·河北]《本草纲目》中记载了粗食盐的一种制作过程："取盐于池旁耕地沃以池水，每得南风急，则宿夕成盐。"若将粗食盐在实验室提纯，不涉及的操作是（　　）

A.溶解　　　　　B.蒸发　　　　　C.过滤　　　　　D.蒸馏

2.[2022·广东]实验室进行粗盐提纯时，需除去 Ca^{2+}、Mg^{2+} 和 SO_4^{2-}，所用试剂包括 $BaCl_2$ 以及（　　）

A. Na_2CO_3、NaOH、HCl　　　　　B. Na_2CO_3、HCl、KOH

C. K_2CO_3、HNO_3、NaOH　　　　　D. Na_2CO_3、NaOH、HNO_3

学生自我评价表			
知识清单	评价内容	分值	自测得分
化学方程式	上述实验涉及的反应方程式是否书写准确？	3	
粗盐提纯的试剂添加顺序	在粗盐提纯实验中,试剂的滴加顺序为何不能随意更改？	2	
试剂添加过程中的检验和判断	粗盐提纯过程中如何判断试剂添加过量？	2	
方法推广	通过粗盐提纯实验,我能够总结出哪些固体提纯的通用方法？	2	
实验改进	实验完成后,能否提出改进建议以便完善实验？	1	
总分		10	
对本课时内容学习的自评:			

第6实验单元 化学反应与能量变化

本单元实验包含：1. 必修2 P32【实验6-1】放热反应，2. 必修2 P33【实验6-2】吸热反应，3. 选择性必修1，P5【实验探究】测定中和反应的反应热。

1. 必修2，P32【实验6-1】放热反应

实验名称	放热反应		
实验用品	2mol/L的盐酸、镁带、温度计、试管、砂纸		
装置图	实验操作	实验现象	实验结论
 温度计　稀盐酸 镁条 反应前　　反应后 图6-1	(1)向试管内加入2mL 2mol/L的盐酸，并使用温度计测量其初始温度。		
	(2)再向(1)中试管投入经砂纸打磨至光亮的镁条。 (3)待(2)中反应完全结束后，再次使用温度计测量溶液的温度。		

【反思与讨论】

请列举中学化学中常见的放热反应类型和放热过程。

2. 必修2，P33【实验6-2】吸热反应

实验名称	吸热反应		
实验用品	20g $Ba(OH)_2 \cdot 8H_2O$ 晶体、10g NH_4Cl 晶体、温度计、烧杯、玻璃棒、砂纸		
装置图	实验操作	实验现象	实验结论
	(1)将20g $Ba(OH)_2 \cdot 8H_2O$ 晶体研细后与10g NH_4Cl 晶体混合置入烧杯中，并将烧杯需放置于滴有数滴水的木片上。 (2)用玻璃棒快速搅拌混合物，闻到气味后迅速用玻璃片封住烧杯口，触摸烧杯壁下部感受温度变化，尝试用手提起烧杯。观察现象。	.	

【反思与讨论】

1.请写出上述实验中所发生的化学反应方程式。

2.请列举中学化学中常见的吸热反应类型和吸热过程?

3.选择性必修1，P5【探究实验】中和反应反应热的测定

实验名称	中和反应反应热的测定	
实验用品	简易量热计、0.50mol/L盐酸、0.55mol/L NaOH溶液	
装置图	实验操作	

图1-3
（人教版选择性必修1）

（1）对反应物温度进行测量	①用量筒量取50mL 0.50mol/L的盐酸,倒入量热计的内筒中,盖上杯盖,插入温度计,测量并记录盐酸的温度。用水冲洗干净温度计上的酸液,擦干备用。
	②用另一量筒量取50mL 0.55mol/L的NaOH溶液,用温度计精确测量并记录其温度。
（2）反应后体系温度的测量	打开杯盖,迅速将量筒中的NaOH溶液倒入量热计内筒中,立即盖上杯盖,插入温度计,用玻璃搅拌器匀速搅拌。密切关注温度变化,最高温度记为反应后体系的温度(t_2)。
（3）按照上述步骤(1)至步骤(2)重复操作两次。	

数据处理

①分别计算盐酸和NaOH溶液的温度平均值,该值即为反应前体系的温度(t_1)。然后,计算温度差(t_2-t_1),并将数据填入下表。

实验次数	反应物的温度/℃		反应前体系的温度	反应后体系的温度	温度差
	盐酸	NaOH溶液	t_1/℃	t_1/℃	(t_2-t_1)/℃
1					
2					
3					

②取三次实验测量所得温度差的平均值,作为后续计算的依据。

③结合温度差、比热容等参数,进行反应热的计算。

【计算反应热】
(1)以三次测量所得数据的平均值为计算依据。
(2)为了计算方便,近似认为实验所用盐酸和NaOH溶液的密度均为1 g/cm³,并忽略实验装置的比热容。
(3)已知盐酸质量为m_1、NaOH溶液质量为m_2,反应后溶液的比热容c为4.18 J/(g·℃),则实验中反应放出的热量可表示为$(m_1+m_2)\cdot c\cdot(t_2-t_1)=0.418(t_2-t_1)$kJ。生成1 mol H_2O时的反应热为:_____。

【反思与讨论】

1. 隔热层和杯盖在实验中起到什么作用？

2. 如何正确使用玻璃搅拌器？其作用是什么？

3. 为什么要用水将温度计上的酸液彻底冲洗干净？

4. 选择使用50mL 0.55mol/L NaOH溶液的理由是什么？

5. 根据大量实验数据，在25℃和101kPa条件下，强酸与强碱的稀溶液发生中和反应，生成1mol水时会放出57.3kJ的热量。请写出对应的中和热的热化学方程式。

【实验疑惑】

1. 装置中的玻璃搅拌器是否可以用金属（与酸、碱不反应）质环形搅拌棒替代？为什么？

2. 是否可以使用浓硫酸代替盐酸进行实验？这样做会对实验结果产生什么影响？

3. 能否用醋酸代替盐酸，或使用氨水代替KOH溶液进行实验？请分析这样做对实验结果的可能影响？

4. 误差分析

以50mL 0.50mol·L^{-1}盐酸与50mL 0.55mol·L^{-1}NaOH反应为例。

引起误差的实验操作	放出热量
保温措施不佳	
搅拌不够充分	
所用酸碱浓度偏高	
以同浓度氨水替代NaOH溶液	
以同浓度醋酸替代盐酸	

【改进或创新实验（题）】（来源：学科网《基于数字化的中和热测定实验创新》）

1. 实验仪器

①仪器：温度传感器、数据采集器及配套计算机软件、笔记本计算机、自制简易量热器、磁力搅拌器、100 mL 烧杯（2个）、50 mL 量筒（2个）、吸水纸。

②药品：0.5mol/L 的 HCl 溶液、0.55mol/L 的 NaOH 溶液。

2. 实验装置

装置说明：把 2 个 150mL 的一次性纸杯叠放，置于带盖的透明塑料罐内，空隙用海绵填实。在塑料罐盖开孔，插入温度传感器从后密封，即构成简易量热器。

3. 实验步骤

①将数据采集器、温度传感器、计算机三者相连接。全程通过计算机软件操作，设定数据采集速率为"1Hz"，连续采集。

②用 50mL 量筒量取 0.5mol/L 的 HCl 溶液，将温度传感器探头插入其中，启动采集，待传感器读数稳定后停止并保存数据，记录温度 T_{HCl}。

③将温度传感器从 HCl 溶液中取出，用蒸馏水洗净并用吸水纸擦干。

④另取 50mL 量筒量取 0.55mol/L 的 NaOH 溶液，倒入小烧杯，将温度传感器探头插入，启动采集，待传感器读数稳定后停止并保存数据，记录温度 T_{NaOH}；计算两种溶液的平均温度，记为 T_1。

⑤再次取出温度传感器，洗净并擦干。

⑥将 NaOH 溶液倒入简易量热器内，加入磁子，开始数据采集；再将量取的 HCl 溶液迅速倒入，封盖并启动磁力搅拌器，确保溶液均匀反应。同时观察数据采集器上的数据及曲线变化。当温度读数稳定不再上升时，停止采集，读取最高温度 T_2。

⑦点击"分析"按钮，设定 X 轴为时间，Y 轴为温度，生成"温度-时间"曲线。

⑧按照上述步骤重复实验两次。

⑨在计算机中处理数据，并进行相关计算，得出中和热 △H 值。

4. 数据处理分析

与教师参考用书提供的中和热数值进行对比，分析改进后装置的优势。

实验次数	初始温度		终止温度	温度差	平均值	中和热值
	盐酸	氢氧化钠				
1	23.4	23.5	26.7	3.25		
2	23.3	23.5	26.6	3.2	3.28	55.84
3	23.4	23.6	26.8	3.4		

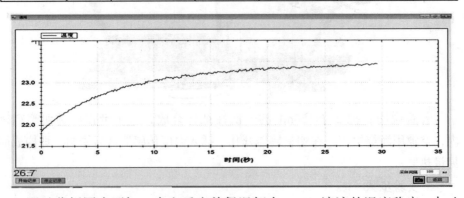

通过分析图表可知，中和反应前保温杯中 NaOH 溶液的温度稳定，加入 HCl 溶液后温度逐渐升高，大约 20s 后温度基本停止上升，曲线趋于平稳，形成平台，表明温度再次达到稳定状态。

5. 实验结论

随着中和反应的推进，化学能逐步转化为热能。

本次实验测得的中和热平均值为 55.84 kJ/mol。参照教师参考书中稀盐酸溶液与稀 NaOH 溶液反应时释放的热量，以及中和热的理论值（57.3 kJ/mol），计算出相对误差为 2.61%。该误差处于中学阶段中和热测量实验的允许误差范围内。因此，我们有理由相信，这套自制的简易量热器实验装置能够替代其他精密仪器，用于中学阶段的中和热测定实验。

【实验评价】

1. 采用温度传感器进行测量，不仅快速有效，而且简洁准确，从而显著提升了实验课的效率。

2. 使用磁力搅拌器相较于传统环形温度计的优势有哪些？

3.在上述实验流程中，采用了哪些措施来提高测定反应热的准确度？

【必备知识】

1.中和热：在稀溶液中，跟＿＿＿＿＿＿发生中和反应而生成＿＿＿＿＿时所释放的热量。中和热的表示方式为：$H^+(aq)+OH^-(aq)=H_2O(l)$ $\triangle H= -57.3kJ/mol$。已知1mol稀硫酸与氢氧化钠完全中和时放热为114.6，则此反应的中和热的热化学方程式可表示为：＿＿＿＿＿＿＿＿＿＿＿＿＿＿＿＿＿＿＿＿。

2.中和热测定中用于搅拌的仪器是＿＿＿＿＿＿。如何保证酸完全被中和？＿＿＿＿＿＿，中和热的大小与酸碱的用量＿＿＿＿＿（填"是""否"）有关。均生成1mol水时，弱酸和弱碱反应放热比中和热＿＿＿＿＿，浓酸和浓碱反应放热比中和热＿＿＿＿＿，硫酸与氢氧化钡反应放热比中和热＿＿＿＿＿（填"多"或"少"）。

【关键能力】

1.[2022·辽宁]下列实验能达到目的的是（　　）

选项	实验目的	实验方法或操作
A	测定中和反应的反应热	酸碱中和滴定的同时,用温度传感器采集锥形瓶内溶液的温度
B	探究浓度对化学反应速率的影响	量取同体积不同浓度的 $NaClO$ 溶液,分别加入等体积等浓度的 Na_2SO_3 溶液,对比现象
C	判断反应后 Ba^{2+} 是否沉淀完全	将 Na_2CO_3 溶液与 $BaCl_2$ 溶液混合,反应后静置,向上层清液中再加1滴 Na_2CO_3 溶液
D	检验淀粉是否发生了水解	向淀粉水解液中加入碘水

2.[2021·河北]下列操作规范且能达到实验目的的是（　　）

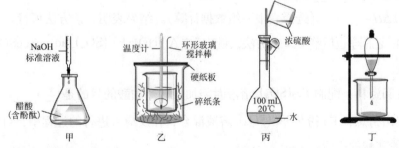

A.图甲测定醋酸浓度　　　　　　B.图乙测定中和热

C.图丙稀释浓硫酸　　　　　　　D.图丁萃取分离碘水中的碘

3. [2023·广东]化学反应常伴随热效应。某些反应（如中和反应）的热量变化，其数值 Q 可通过量热装置测量反应前后体系温度变化，用公式 $Q=c\rho V_{总}·\Delta T$ 计算获得。

（1）盐酸浓度的测定：移取 20.00 mL 待测液，加入指示剂，用 0.5000 mol·L^{-1}NaOH 溶液滴定至终点，消耗 NaOH 溶液 22.00 mL。

①上述滴定操作用到的仪器有_____。

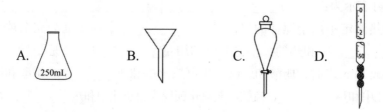

②该盐酸浓度为_____ mol·L^{-1}。

（2）热量的测定：取上述 NaOH 溶液和盐酸各 50 mL 进行反应，测得反应前后体系的温度值（℃）分别为 T_0、T_1，则该过程放出的热量为_____J（c 和 ρ 分别取 4.18 J·g^{-1}·℃$^{-1}$ 和 1.0 g·mL^{-1}，忽略水以外各物质吸收的热量，下同）。

（3）借鉴（2）的方法，甲同学测量放热反应 Fe(s)+CuSO$_4$(aq)=FeSO$_4$(aq)+Cu(s) 的焓变 ΔH（忽略温度对焓变的影响，下同）。实验结果见下表。

序号	反应试剂		体系温度/℃	
			反应前	反应后
i	0.20 mol·L^{-1}CuSO$_4$ 溶液 100 mL	1.20 g Fe 粉	a	b
ii		0.56 g Fe 粉	a	c

①温度：b_____c（填">""<"或"="）。

② $\Delta H=$_____（选择表中一组数据计算）。结果表明，该方法可行。

（4）乙同学也借鉴（2）的方法，测量反应 A:Fe(s)+Fe$_2$(SO$_4$)$_3$(aq)=3FeSO$_4$(aq) 的焓变。

查阅资料：配制 Fe$_2$(SO$_4$)$_3$ 溶液时需加入酸。加酸的目的是_____。

提出猜想：Fe 粉与 Fe$_2$(SO$_4$)$_3$ 溶液混合，在反应 A 进行的过程中，可能存在 Fe 粉和酸的反应。

验证猜想：用 pH 试纸测得 Fe$_2$(SO$_4$)$_3$ 溶液的 pH 不大于 1；向少量

$Fe_2(SO_4)_3$溶液中加入 Fe 粉，溶液颜色变浅的同时有气泡冒出，说明存在反应 A 和_____（用离子方程式表示）。

实验小结：猜想成立，不能直接测反应 A 的焓变。

教师指导：鉴于以上问题，特别是气体生成带来的干扰，需要设计出实验过程中无气体生成的实验方案。

优化设计：乙同学根据相关原理，重新设计了优化的实验方案，获得了反应 A 的焓变。该方案为：_____。

（5）化学能可转化为热能，写出其在生产或生活中的一种应用实例：_____。

学生自我评价表			
知识清单	评价内容	分值	自测得分
实验成功的关键	我是否能说出实验预防热量散失的注意事项？	3	
实验误差分析	我是否了解实验不使用稀强强导致的实验误差？	4	
中和热计算	我是否能利用实验数据进行有关计算？	3	
总分		10	
对本课时内容学习的自评：			

第7实验单元 原 电 池

本单元实验包括：1.必修2 P36【实验6-3】铜锌（单液）原电池，2.简易电池的设计与制作（必修2，P37【探究】），3.化学能转化成电能（必修2，P56实验活动6），4.选择性必修1，P94【实验4-1】铜锌（双液）原电池。

1.必修2，P36【实验6-3】铜锌（单液）原电池

实验名称	铜锌(单液)原电池		
实验用品	锌片、铜片、稀硫酸、导线、电流表、烧杯		
装置图	实验操作	实验现象	实验结论
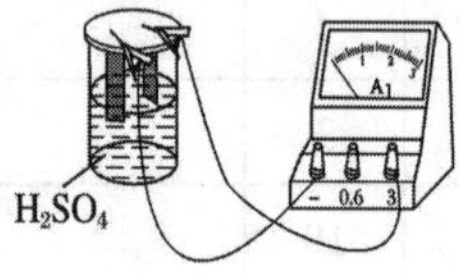 H₂SO₄ 图6-6	(1)将锌片和铜片插入盛有稀硫酸的烧杯中。	锌片_____；铜片上无明显现象。	
	(2)用导线连接(1)中的锌片和铜片。	锌片_____，铜片_____。	
	(3)如图6-6所示,用导线在锌片和铜片之间串联一个电流表。		

【反思与讨论】

1.该原电池的实验原理。

（1）电极半反应式

负极（锌片）：_____；正极（铜片）：_____。

（2）电池总离子方程式：_____。

2.必修2，P37【探究实验】简易电池的设计与制作

【实验目的】

根据原电池原理，设计和制作简易电池，了解原电池的构成要素。

【实验用品】

药品：食盐水，水果（如苹果、柑橘或柠檬等），铜片、铁片、铝片等金属片。

仪器：滤纸，石墨棒，导线，小型用电器（如发光二极管、电子音乐卡或小电动机等），电流表。

【实验步骤】

实验名称	简易电池的设计与制作		
实验用品	铁片、铜片、铝片、苹果(或柑橘、柠檬)、果汁(橙汁、苹果汁、柠檬汁)、导线、发光二极管、烧杯、灵敏电流计		
装置图	实验操作	实验现象	实验结论
 水果汁C	(1)如左图,A—铁片、B—铜片、C—橙汁。		
	(2)如左图,A—铝片、B—铜片、C—苹果汁。		
	(3)如左图,A—铝片、B—铁片、C—柠檬汁。		
	(4)如左图,A—铁片、B—铜片、C—食盐水。		
	(5)如左图,铜片、铝片、苹果、导线、灵敏电流计。		

【反思与讨论】

1.在水果电池中,水果的作用是什么?

2.通过对比不同材料作为电极的简易电池,你是否发现电极材料的选择有值得注意之处?请与同学交流各自实验中取得的经验。

3.在以上实验中,组成电池不可缺少的构成部分有哪些?

3.必修2,P56【实验活动6】化学能转化成电能

【实验目的】

1.通过实验理解氧化还原反应在将化学能转化为电能过程中的作用,体会化学学科在生产生活中的实际应用价值。

2.掌握构成原电池的基本要素及其各自的功能。

【实验用品】

药品:锌片、铜片、石墨棒、稀硫酸。

仪器:烧杯、导线、电流表。

【实验安全】

使用硫酸溶液时需特别小心，因其易腐蚀皮肤，务必做好防护措施。

【实验步骤】

1. 电极材料的实验

（1）通过导线将电流表与锌片、铜片相连，并使二者接触，观察电流表指针的偏转情况；随后用石墨棒替代铜片进行相同操作，并对观察到的现象进行解释。

电极材料	电流表指针是否偏转	实验结论
锌片、铜片		
锌片、石墨棒		
铜片、石墨棒（拓展）		

（2）将锌片置入盛有稀硫酸的烧杯里，记录观察到的现象；再插入铜片，观察现象变化；取出铜片，换入石墨棒，继续观察并记录现象。

装置图	实验现象	实验结论
Zn 稀硫酸	锌片_____，表面产生_____。	离子方程式：_____ 结论：_____；金属活动性：_____还原性：_____。
Zn　Cu 稀硫酸	插入铜片后，锌片继续_____，表面_____，铜片表面_____。	
Zn 石墨 稀硫酸	插入碳棒后，锌片继续_____，表面_____，碳棒表面_____。	结论：_____；石墨不能置换出_____。还原性：_____。
Cu 石墨 稀硫酸	铜片、石墨棒_____。	

2. 原电池实验

如下表所示，选择不同的电极材料，以及稀硫酸、导线和电流表，组装原电池（如右图），试验其能否产生电流，并作出解释。

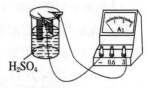

H₂SO₄

实验材料	实验现象	实验结论
锌片、铜片	锌片_____，铜片表面产生_____，电流计指针_____。	锌_____的电子通过导线转移至_____产生电流，溶液中的_____在铜片表面获得电子生成_____。
锌片、石墨	锌片_____，石墨棒表面_____，电流计指针_____。	锌_____的电子通过导线转移至_____产生电流，溶液中的_____在石墨表面获得电子生成
铜片、石墨	铜片、石墨棒_____。电流计指针_____。	

【反思与讨论】

1. 根据以上实验，说明原电池的工作原理和构成要素，以及组装原电池的注意事项。

2. 如果将原电池实验中锌-石墨原电池中的锌片换成铁片，能否产生电流？为什么？若能产生电流，写出电极反应和电池总反应。

【实验疑惑】

1. 在 Zn、Cu、稀硫酸溶液原电池实验中，锌片表面仍然产生少量气泡。为什么？

2. 某学生用温度计测出在 Zn、Cu、稀硫酸溶液原电池中及在 Zn、稀硫酸溶液中的温度，发现前者温度低于后者。为什么？

3. 如何检验 Zn、Cu、稀硫酸溶液构成的原电池工作时溶液中离子是定向移动的？怎样设计实验？

【改进或创新实验（题）】

形成原电池装置的条件：电解质溶液、活泼性不同的电极，闭合回路。电极材料均不与电解质溶液反应，也能构成原电池吗？

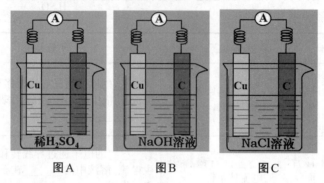

图A　　　　　　　图B　　　　　　图C

4. 选择性必修1，P94【实验4-1】铜锌（双液）原电池

实验名称	铜锌原电池		
实验用品	锌片、铜片、ZnSO₄溶液、CuSO₄溶液、导线、电流表、大烧杯、盐桥		
装置图	实验操作	实验现象	实验结论
 e⁻ (A) 电流表 －　　＋ Zn　盐桥　Cu ZnSO₄溶液　CuSO₄溶液	(1)将放有锌片的ZnSO₄溶液和放有铜片的CuSO₄溶液,通过一个充满电解质溶液的盐桥相连。 (2)使用导线连接(1)中的锌片和铜片,同时在中间接入一个电流表,以观察实验现象。		
	(3)移出盐桥,注意观察电流表的指针位置有何变化。		

【实验评价】

1.盐桥在实验中的组成和作用是什么？请分析盐桥中离子的移动方向。

2.以铜锌原电池为例，分析单液原电池与含盐桥的双液原电池中，哪一种的放电更为稳定？

【必备知识】

一、原电池基础

分析原电池，先从电极判断开始，然后逐步深入。常见的分析顺序为：先确定原电池的正负极→再分析电子流向→确定电极发生的反应类型（氧化或还原）→最后写出电极反应式。

对于任何原电池的问题，我们都可以通过分析其构架、电极属性来找到答案。掌握基础知识是解题的关键。

1. 原电池基础概念的判断及其相互关系

考察内容	性质	两极反应	
电极名称	原电池电极	正极	负极
反应实质	化合价变化	降低	升高
	得失电子	得电子	失电子
	电极反应类型	还原反应	氧化反应
反应物性质	反应物与两剂	氧化剂	还原剂
	电极参与反应	氧化性电极，例如 PbO_2、Ag_2O、$NiOOH$、$AgCl$、MnO_2。	还原性电极。如 Zn、Fe、Pb、Al、粗铜。
	电解质参与反应（惰性电极）	电解质，例如 H^+、Cu^{2+}、Fe^{3+}，吸附 O_2 等（较不活泼金属或活性碳棒）。	吸附，例如 H_2、CO、CH_3OH、NH_3、CH_4、C_3H_8、H_2O 等。
粒子运动方向	(外电路)电子流向	电子流入	电子流出
	(内电路)离子移动方向	阳离子移向正极	阴离子移向负极
电流	电流方向	电流流出	电流流入

特别提醒：

（1）当正极为惰性电极，且溶液中没有发现明显的氧化剂反应时，可考虑空气中的氧气可能参与反应，即发生吸氧腐蚀。例如，在某些原电池实验中，即使使用稀硫酸或NaCl溶液，也能形成原电池并产生电流。

（2）当今高考化学试题已开始考察内外电路闭合回路中的电流情况，这是电化学领域的一个重要考点。

（3）电解质的选择：如果电极材料（例如锂、钠、钾）能直接与水反应，就不能用水溶液作为电解质（或用特殊隔膜将水隔离），而应选用非水介质

（例如有机溶剂、熔融盐）作为电解质。在电场作用下，某些固体中的离子容易发生迁移，因此也可用作固体电解质。目前新型能源电池中多数为固体电池，例如比亚迪和特斯拉的电池。

2. 几种特殊情况的电池

（1）在Mg-Al-NaOH电池中，Al作为负极；而在Mg-Al-盐酸电池，Mg则作为负极。

（2）在Al(Fe)-Cu-稀硝酸电池中，Al(Fe)是负极；在Al(Fe)-Cu-浓硝酸电池中，Cu是负极（注：最开始形成铝（铁）做负极的原电池，随后铝表面生成致密氧化膜而钝化。一段时间后Cu变为负极，而钝化的Al（Fe）则作为正极）。

二、原电池中电极反应的书写

电极反应（又称半反应），即一个电极反应仅代表氧化或还原反应，是离子方程式的一种形式。通常是把总反应拆分成"正极反应"和"负极反应"两个半反应。对于可逆电池，要明确"充电、放电"方向：放电时发生原电池反应，充电时则发生电解反应。

1. 电池在试题中常见的两种表示方法

（1）通过两极反应的氧化剂和还原剂来表示电池，例如Pb-H_2SO_4溶液-PbO_2电池、Zn-KOH溶液-MnO_2电池、Zn-KOH溶液-Ag_2O电池、K_2FeO_4-Zn电池、肼（N_2H_4）（或CO、H_2、烃类物质、乙醇）空气燃料电池、Al-Ag_2O电池、镍氢电池（Ni-MH）、锌-空气燃料电池、金属（M）空气电池等。这种表示方法指明了电极反应的反应物，从而可以根据材料的性质来判断正极和负极。

（2）通过正极：氧化剂+ne^-==还原产物，负极：还原剂－ne^-==氧化产物的方式来表示电极。例如$LiCoO_2$/$Li_{1-x}CoO_2$、Ag_2O/Ag、NiO(OH)/Ni(OH)$_2$等电极。这种方法可以根据材料的性质或化合价的升降来判断正负极。

2. 电极反应式的书写步骤

（1）①从题目信息中获取（如文字描述、图示）反应物和生成物；②再结合反应原理进行分析：负极（还原剂失电子，化合价升高），正极（氧化剂得电子，化合价降低）。

（2）列出反应物和生成物，并标明电子的得失

正极（阴极）的反应式为氧化剂+ne^-==还原产物，负极（阳极）的反应式为还原剂+ne^-==氧化产物。

（3）根据三守恒（先后顺序：电子守恒、电荷守恒、质量守恒）原则来分析补齐反应式中的缺项。

先看环境，一般是水环境或无水环境。水环境一般用H^+或OH来调整电荷守恒；酸性环境用H^+，碱性环境用OH^-。用质量守恒原则补齐最终产物。

无水环境，一般从文字信息中提取离子或物质，然后运用电荷守恒和质量守恒原则来补齐最终产物。

常考的几种物质在水环境中存在形式如下：

常考粒子	酸性环境	碱性环境	非水环境
含碳物质	CO_2	CO_3^{2-}	
O^{2-}	H_2O	OH^-	O^{2-}或CO_2等

例如，常考的几种燃料电池包括：

	种类	酸性	碱性
氢氧燃料电池	负极反应式		
	正极反应式		
	电池总反应式		
	备注	燃料电池的电极不参与反应,具有强催化活性,主要起导电作用。	
甲烷燃料电池	负极反应式		
	正极反应式		
	电池总反应式		
甲烷燃料固体电解质(高温下能传导O^{2-})	负极反应式		
	正极反应式		
	电池总反应式		
甲烷燃料熔融碳酸盐(如熔融K_2CO_3)环境下	负极反应式		
	正极反应式		
	电池总反应式		

注意：电池总反应一般考查离子方程式的书写。

三、二次电池

这是指能重复使用的可充电电池。放电时作为原电池使用，充电时则作为电解池。

1. 铅蓄电池（Pb-H_2SO_4溶液-PbO_2）

放电时总反应方程式为：$Pb+PbO_2+2H_2SO_4=2PbSO_4+H_2O$

负极：_____　　　正极：_____

2. 镍镉电池：充电后正极（镍）上生成$Ni(OH)_2$，负极主要是镉（含铁），电解质为KOH溶液。放电时的电极反应式可表示为：

负极：＿＿＿＿＿＿＿＿＿＿＿＿＿＿ 正极：＿＿＿＿＿＿＿＿＿＿＿＿＿＿

3.银锌蓄电池：放电时电池总反应为：$Zn+Ag_2O=ZnO+2Ag$

负极：＿＿＿＿＿＿＿＿＿＿＿＿＿＿ 正极：＿＿＿＿＿＿＿＿＿＿＿＿＿＿

4.比亚迪早期使用的磷酸铁锂电池

该电池放电时的反应为$Li_xC_6+Li_{1-x}FePO_4===6C+LiFePO_4$。

负极反应为：＿＿＿＿＿＿＿＿＿＿＿＿＿＿＿＿＿＿＿＿＿＿＿＿＿＿＿

正极反应为：＿＿＿＿＿＿＿＿＿＿＿＿＿＿＿＿＿＿＿＿＿＿＿＿＿＿＿

现在使用的是三元锂电池： $Li_{1-a}Ni_xCo_yMn_zO_2+LiaC_6=LiNi_xCo_yMn_zO_2+6C$（石墨）

【关键能力】

【基础】原电池基础知识

1.[上海高考]关于下列装置，叙述错误的是（ ）

A.石墨电极反应：$O_2+4H^++4e^-\rightarrow2H_2O$

B.鼓入少量空气，会加快Fe的腐蚀

C.加入少量NaCl，会加快Fe的腐蚀

D.加入HCl，石墨电极反应式：$2H^++2e^-\rightarrow H_2\uparrow$

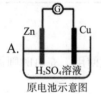

2.[2021·广东]火星大气中含有大量CO_2，一种有CO_2参加反应的新型全固态电池有望为火星探测器供电。该电池以金属钠为负极，碳纳米管为正极，放电时（ ）

　A.负极上发生还原反应　　　　B.CO_2在正极上得电子

　C.阳离子由正极移向负极　　　D.将电能转化为化学能

3.[浙江高考]化学电源在日常生活和高科技领域中都有广泛应用。下列说法不正确的是（ ）

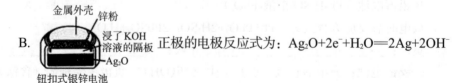

A. 原电池示意图　Zn^{2+}向Cu电极方向移动，Cu电极附近溶液中H^+浓度增加

B. 钮扣式银锌电池　正极的电极反应式为：$Ag_2O+2e^-+H_2O===2Ag+2OH^-$

C.  锌筒作负极，发生氧化反应，锌筒会变薄

D.  使用一段时间后，电解质溶液的酸性减弱，导电能力下降

4.[2022·全国甲卷]一种水性电解液Zn-MnO$_2$离子选择双隔膜电池如图所示（KOH溶液中，Zn^{2+}以Zn(OH)$_4^{2-}$形式存在）。电池放电时，下列叙述错误的是（　　）

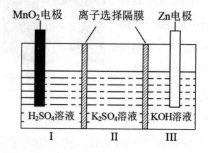

A. Ⅱ区的K$^+$通过隔膜向Ⅲ区迁移

B. Ⅰ区的SO$_4^{2-}$通过隔膜向Ⅱ区迁移

C. MnO$_2$电极反应：MnO$_2$+2e$^-$+4H$^+$=Mn^{2+}+2H$_2$O

D. 电池总反应：Zn+4OH$^-$+MnO$_2$+4H$^+$=Zn(OH)$_4^{2-}$+Mn^{2+}+2H$_2$O

【基础】电极反应式的书写

5.（1）[2022河北·16-（3）（4）]①氢氧燃料电池中氢气在_____（填"正"或"负"）极发生反应。

②在允许O^{2-}自由迁移的固体电解质燃料电池中，C$_n$H$_{2n+2}$放电的电极反应式为：_____。

（2）[2021·河北·16-（4）] ①Li—CO$_2$电池中，Li为单质锂片，则该电池中的CO$_2$在_____（填"正"或"负"）极发生电化学反应。

②CO$_2$在碱性介质中电还原为正丙醇（CH$_3$CH$_2$CH$_2$OH）的电极反应方程式为：_____

_____。

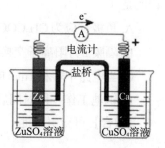

【基础】能量转变

6.[多选]下列判断正确的是（　　　）

A.[2021·福建·7]用右图实验，比较Zn与Cu的金属性强弱

B.[2021·广东·3] H_2 燃烧过程中热能转化为化学能

C.[2018·江苏·10]氢氧燃料电池放电时化学能全部转化为电能

D.[2021·海南·2]"发烛"发火和燃烧利用了物质的可燃性

【基础】化学原电池

7.[2020·全国Ⅰ·12]科学家近年发明了一种新型 $Zn-CO_2$ 水介质电池。电池示意图如右所示，电极为金属锌和选择性催化材料。放电时，温室气体 CO_2 被转化为储氢物质甲酸等，为解决环境和能源问题提供了一种新途径。

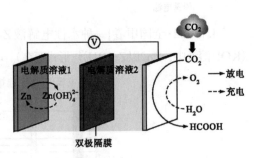

下列说法错误的是（　　　）

A. 放电时，负极反应为 $Zn-2e^-+4OH^-=Zn(OH)_4^{2-}$

B. 放电时，1 mol CO_2 转化为HCOOH，转移的电子数为2 mol

C. 充电时，电池总反应为 $2Zn(OH)_4^{2-}=2Zn+O_2\uparrow+4OH^-+2H_2O$

D. 充电时，正极溶液中 OH^- 浓度升高

【综合】离子交换膜电池

8.[2020·山东·10]微生物脱盐电池是一种高效、经济的能源装置，利用微生物处理有机废水获得电能，同时可实现海水淡化。现以NaCl溶液模拟海水，采用惰性电极，用右图装置处理有机废水（以含 CH_3COO^- 的溶液为例）。下列说法错误的是（　　　）

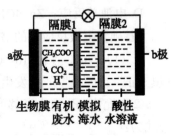

A. 负极反应为 $CH_3COO^-+2H_2O-8e^-=2CO_2\uparrow+7H^+$

B. 隔膜1为阳离子交换膜，隔膜2为阴离子交换膜

C. 当电路中转移1mol电子时，模拟海水理论上除盐58.5 g

D. 电池工作一段时间后，正、负极产生气体的物质的量之比为2∶1

【综合】可充电电池

9. [2022·广东·16]科学家基于Cl_2易溶于CCl_4的性质，发展了一种无需离子交换膜的新型氯流电池，可作储能设备（如右图）。充电时电极a的反应为：$NaTi_2(PO_4)_3 + 2Na^+ + 2e^- = Na_3Ti_2(PO_4)_3$。下列说法正确的是（　　）

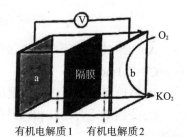

A. 充电时电极b是阴极

B. 放电时NaCl溶液的PH减小

C. 放电时NaCl溶液的浓度增大

D. 每生成$1mol\ Cl_2$，电极a质量理论上增加23g

【综合】电极反应的计算

10. [2021·山东·10]以KOH溶液为离子导体，分别组成$CH_3OH—O_2$、$N_2H_4—O_2$、$(CH_3)_2NNH_2—O_2$清洁燃料电池，下列说法正确的是（　　）

A. 放电过程中，K^+均向负极移动

B. 放电过程中，KOH物质的量均减小

C. 消耗等质量燃料，$(CH_3)_2NNH_2—O_2$燃料电池的理论放电量最大

D. 消耗$1mol\ O_2$时，理论上$N_2H_4—O_2$燃料电池气体产物的体积在标准状况下为11.2L

11. [2021·河北·9]$K—O_2$电池结构如图，a和b为两个电极，其中之一为单质钾片。关于该电池，下列说法错误的是（　　）

A. 隔膜允许K^+通过，不允许O_2通过

B. 放电时，电流由b电极沿导线流向a电极；充电时，b电极为阳极

C. 产生1Ah电量时，生成KO_2的质量与消耗O_2的质量比值约为2.22

D. 用此电池为铅酸蓄电池充电，消耗3.9g钾时，铅酸蓄电池消耗0.9g水

【综合】电池的创新设计

12. [2022·福建·9]一种化学"自充电"的锌-有机物电池，电解质为KOH和$Zn(CH_3COO)_2$水溶液。将电池暴露于空气中，某电极无需外接电源即能实现化学自充电，该电极充放电原理如图所示。下列说法正确的是（　　）

A. 化学自充电时，$c(OH^-)$增大

B. 化学自充电时，电能转化为化学能

C.化学自充电时，锌电极反应式：$Zn^{2+}+2e^-==Zn$

D.放电时，外电路通过0.02mol电子，正极材料损耗0.78g

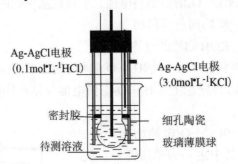

13.[2022·浙江]pH计是一种采用原电池原理测量溶液pH的仪器。如图所示，以玻璃电极（在特制玻璃薄膜球内放置已知浓度的HCl溶液，并插入Ag—AgCl电极）和另一Ag—AgCl电极插入待测溶液中组成电池，pH与电池的电动势E存在关系：$pH=(E-常数)/0.059$。下列说法正确的是（　　　）

A.如果玻璃薄膜球内电极的电势低，则该电极反应式为：$AgCl(s)+e^-=Ag(s)+Cl^-(0.1mol\cdot L^{-1})$

B.玻璃膜内外氢离子浓度的差异不会引起电动势的变化

C.分别测定含已知pH的标准溶液和未知溶液的电池的电动势，可得出未知溶液的pH

D.pH计工作时，电能转化为化学能

【综合】盐桥

14.[2023·北京·高考]资料显示，I_2可以将Cu氧化为Cu^{2+}。某小组同学设计实验探究Cu被I_2氧化的产物及铜元素的价态。

已知：I_2易溶于KI溶液，发生反应$I_2+I^-\rightleftharpoons I_3^-$（红棕色）；$I_2$和$I_3^-$氧化性几乎相同。

I.将等体积的KI溶液加入到$m$mol铜粉和$n$molI_2(n>m)的固体混合物中，振荡。

实验记录如下：

序号	c(KI)	实验现象
实验Ⅰ	0.01 mol·L^{-1}	极少量I$_2$溶解，溶液为淡红色；充分反应后，红色的铜粉转化为白色沉淀，溶液仍为淡红色。
实验Ⅱ	0.1 mol·L^{-1}	部分I$_2$溶解，溶液为红棕色；充分反应后，红色的铜粉转化为白色沉淀，溶液仍为红棕色。
实验Ⅲ	4 mol·L^{-1}	I$_2$完全溶解，溶液为深红棕色；充分反应后，红色的铜粉完全溶解，无白色沉淀生成，溶液为深红棕色。

（1）初始阶段，Cu被氧化的反应速率：实验Ⅰ＿＿＿＿＿＿（填">""<"或"="）实验Ⅱ。

（2）实验Ⅲ所得溶液中，被氧化的铜元素的可能存在形式有$\left[Cu(H_2O)_4\right]^{2+}$（蓝色）或$\left[CuI_2\right]^-$（无色），进行以下实验探究：

步骤a. 取实验Ⅲ的深红棕色溶液，加入CCl$_4$，多次萃取、分液。

步骤b. 取分液后的无色水溶液，滴入浓氨水。溶液颜色变浅蓝色，并逐渐变深。

ⅰ. 步骤a的目的是：＿＿＿＿＿＿＿＿＿＿。

ⅱ. 查阅资料，$2Cu^{2+}+4I^-=2CuI\downarrow+I_2$，$\left[Cu(NH_3)_2\right]^+$（无色）容易被空气氧化。用离子方程式解释步骤b的溶液中发生的变化：＿＿＿＿＿＿＿＿。

（3）结合实验Ⅲ，推测实验Ⅰ和Ⅱ中的白色沉淀可能是CuI，实验Ⅰ中铜被氧化的化学方程式是＿＿＿＿＿＿＿＿。分别取实验Ⅰ和Ⅱ充分反应后的固体，洗涤后得到白色沉淀，加入浓KI溶液，＿＿＿＿＿＿＿＿＿（填实验现象），观察到少量红色的铜。分析铜未完全反应的原因是：＿＿＿＿＿＿＿＿＿。

（4）上述实验结果，I$_2$仅将Cu氧化为+1价。在隔绝空气的条件下进行电化学实验，证实了I$_2$能将Cu氧化为Cu^{2+}。装置如图所示，a、b分别是＿＿＿＿＿＿＿＿。

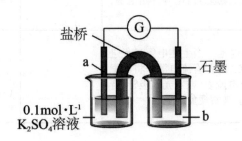

（5）运用氧化还原反应规律，分析在上述实验中 Cu 被 I_2 氧化的产物中价态不同的原因：_____。

学生自我评价表			
知识清单	评价内容	分值	自测得分
构成原电池的条件	我是否知道构成原电池的条件？	2	
原电池能量转化	我是否知道原电池中是什么能量转化？	2	
原电池半反应书写	我是否学会原电池半反应的书写？	3	
原电池计算	我能否用原电池的知识进行有关计算？	3	
总分		10	
对本课时内容学习的自评：			

5. 选择性必修1，P123【实验活动5】 制作简单的燃料电池

【实验目的】

1. 理解燃料电池的工作原理。

2. 设计和制作一个氢氧燃料电池。

【实验用品】

U形管、砂纸、石墨棒（石墨棒使用前应该经过烘干活化处理）、3～6V 的直流电源、鳄鱼夹、导线和开关、电流表（或发光二极管、音乐盒等）、1mol/L Na_2SO_4 溶液、酚酞溶液。

【实验步骤】

实验操作	实验现象	实验结论
1.电解水。在 U 形管中注入 1mol/L Na_2SO_4 溶液，然后向其中滴加 1～2 滴酚酞溶液。在 U 形管的两端分别插入一根石墨棒，并用鳄鱼夹、导线连接电源。闭合 K_1，接通直流电源开始电解，观察现象。		阴极：_____ 阳极：_____ （写出电极反应）
2.制作一个氢氧燃料电池。当上述电解过程进行 1～2min 后，打开 K_1，断开直流电源。将两根石墨棒用导线分别与电流表（或发光二极管、音乐盒等）相连，闭合 K_2，观察现象。		负极：_____ 正极：_____ （写出电极反应）

【反思与讨论】

1. 在电解水时，加入 Na_2SO_4 的作用是什么？

2. 为什么要在制作氢氧燃料电池之前电解水？电解水时有哪些安全事项需要注意？

【实验评价】

氢氧燃料电池是将氢气和氧气的化学能直接转化为电能的装置，具有高能量转化率、无污染的特点，是目前具有发展前景的新型电源。教材实验现象单一、趣味性不强，限制了学生课外进一步研究和探索，不利于学习的延伸。

通过查阅资料发现，本实验可以向家庭化改进，利用与生活密切相关的物品，增强实验的趣味性，摆脱化学药品的专业限制，激发学生的学习兴趣。实验空间由实验室拓展到家庭，知识的生成过程由学校延伸到生活，有利于培养学生创新意识，提升其化学学科核心素养。（选自《小学实验与装备》2023年第5期，四川省自贡市曙光中学，文吉槐。）

【创新或改进实验】

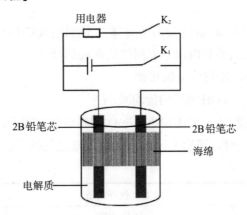

实验名称	氢氧燃料电池实验的家庭化改进
实验用品	玻璃杯(或塑料瓶)、0.9×1.8mm×60mm 2B 铅笔、9V 干电池、带鳄鱼夹的导线、清洁海绵、矿泉水、饮用纯净水、绿茶、可乐、发光二极管(红色)、音乐贺卡芯片、电子时钟。
改进原理	用玻璃杯(或裁剪后的塑料瓶)代替烧杯或 U 形管,用 2B 铅笔芯代替石墨电极,用饮料或饮用水代替 Na_2SO_4 等电解质溶液。

续表

实验操作	实验现象	实验结论
1.电解水。根据玻璃杯口径,将清洁海绵裁剪出合适大小,使其刚好能放入玻璃杯中。在海绵上打2个小孔,孔间距约3 cm。将2B铅笔芯插入小孔中,固定在海绵上,连接导线。向玻璃杯中注入矿泉水(或其他饮料),放入固定有铅笔芯的海绵,确保其刚好浸没。用带鳄鱼夹的导线连接铅笔芯和电源,并观察现象。	与电源负极相连的电极产生的气泡比较多,而与电源正极相连产生的气泡比较少。	阴极产生了H_2,阳极产生了O_2。
2.制作氢氧燃料电池。电解1~2min后,取下连接电池一端的鳄鱼夹,分别连接到发光二极管、电子时钟、音乐贺卡芯片上,并观察现象。	二极管发光、电子时钟显示时间、音乐盒播放音乐。	该原电池产生了较为稳定的电流。

【实验疑惑】

本实验中,清洁海绵的作用是什么?

【必备知识】

原电池和电解池的能量转化、原电池正负极的判断方法、氧化剂和还原剂的性质、电极方程式的书写。

【关键能力】

[2021·山东]以KOH溶液为离子导体,分别组成CH_3OH—O_2、N_2H_4—O_2、$(CH_3)_2NNH_2$—O_2清洁燃料电池,下列说法正确的是（ ）

A. 放电过程中,K^+均向负极移动

B. 放电过程中,KOH物质的量均减小

C. 消耗等质量燃料,$(CH_3)_2NNH_2$—O_2燃料电池的理论放电量最大

D. 消耗1mol O_2时,理论上N_2H_4—O_2燃料电池气体产物的体积在标准状况下为11.2L

学生自我评价表			
知识清单	评价内容	分值	自测得分
氧化剂、还原剂	我能否区分方程式中氧化剂和还原剂?	2	
原电池能量的转换	我是否知道原电池中的能量是如何转化的?	2	
原电池半反应书写	我是否学会了原电池半反应的书写?	3	
原电池的计算	我能否用原电池知识进行相关计算?	3	
总分		10	
对本课时内容学习的自评:			

第8实验单元 选择性必修1 电解原理 金属的腐蚀及防护

本单元实验包括选择性必修1中的电解、电镀以及金属的腐蚀与防护等内容。

1. P104【实验4-2】电解原理

实验名称	电解原理		
实验用品	25% $CuCl_2$ 溶液、碘化钾淀粉试纸、U形管、直流电源、导线		
实验操作		实验现象	实验结论
2.(1) 在U形管中注入质量分数为25%的 $CuCl_2$ 溶液,插入两根石墨棒作为电极,把湿润的碘化钾淀粉试纸放在与直流电源正极相连的石墨棒(阳极)附近。			
3.(2) 接通直流电源,观察U形管内的现象以及试纸颜色的变化。			
阴极半反应式			
阳极半反应式			
电解总离子方程式			

【反思与讨论】

1. 请分析产生实验现象的原因。

2. 若完成实验后将电源反接,请写出两极的半反应。

2. P112【实验4-3】钢铁吸氧腐蚀实验原理

实验名称	钢铁生锈原理		
实验用品	铁钉、盐酸、饱和食盐水、水；具支试管、橡皮塞、导管、试管		
实验操作		实验现象	实验结论
(1) 将经过酸洗除锈的铁钉，用稀盐酸浸泡后，放入具支试管中。几分钟后，观察导管中水柱的变化。			
(2) 将经过酸洗除锈的铁钉，用饱和食盐水浸泡后，放入具支试管中。几分钟后，观察现象。			
(3)取两只试管，分别放入两颗锌粒和等体积、等浓度的稀盐酸，观察现象。			
(4)然后，向步骤(2)中的一只试管中滴加1～2滴硫酸铜溶液，再观察现象。			

【反思与讨论】

1.分析步骤（1），对比说明铁发生析氢腐蚀和吸氧腐蚀的条件。

2.实验步骤（3）中，使用盐酸过浓或过稀分别有什么影响？

3. P114【实验4-4】牺牲阳极法实验

实验名称	牺牲阳极法实验		
实验用品	锌片、铜片、稀硫酸、导线、电流表、烧杯		
实验操作		实验现象	实验结论
(1)以Fe作保护电极，Zn作辅助电极，以经过酸化的3%的NaCl溶液作电解质溶液，按图所示连接装置。观察电流表指针的变化，以及烧杯中两个电极附近的现象。			
(2)过一段时间，用胶头滴管从Fe电极区域取少量溶液于试管中，再向试管中滴入2滴$K_3[Fe(CN)_6]$(铁氰化钾)溶液，观察试管中溶液颜色的变化。			
(3)将1g琼脂加入250mL烧杯中，再加入50mL饱和食盐水和150mL水。搅拌并加热煮沸，直至琼脂溶解。稍冷后，趁热将琼脂溶液分别倒入A、B两个培养皿中，接着各滴入5～6滴酚酞溶液和$K_3[Fe(CN)_6]$溶液，并混合均匀。然后取两个2～3cm长的铁钉，用砂纸打磨至光亮。如图4-27(a)所示，将裹有锌皮的铁钉置入培养皿A中；同样地，如图4-27(b)所示，将缠有铜丝的铁钉放入培养皿B中。最后，观察并记录实验现象。			

【反思与讨论】

1.实验步骤（1）中，对酸化的 3%NaCl 溶液的 pH 有什么特定要求？其原因是什么？

2.市面上常见的有镀锡钢板（马口铁）和镀锌钢板（白铁皮），当镀层出现破损后，为什么镀锌钢板比镀锡钢板更具耐腐蚀性？

4. P122 【实验活动 4】简单的电镀实验

【实验目的】

1.认识电解原理及其在现代工业生产中的应用价值。

2.了解电镀的基本原理。

【实验用品】

烧杯、砂纸、导线、2～3V 的直流电源、电流表、铁制镀件、铜片、以 $CuSO_4$ 为主的电镀液、$1mol·L^{-1}$ 的 NaOH 溶液、20% 的盐酸。

【实验步骤】

1. 使用砂纸把铁制镀件打磨干净，放入 1mol/L 的 NaOH 溶液中清除油污，然后用蒸馏水洗净。接着，将镀件放入 20% 的盐酸中进行除锈处理，几分钟后取出并再次用蒸馏水洗净。

2. 把处理后的铁制镀件与 2～3V 直流电源的负极连接，同时将铜片与电源的正极相连。确保两极平行地浸入电镀液中，两极间距 5 cm。通电 5～10 min 后取出镀件，观察并记录其表面变化。

【反思与讨论】

1.电镀前，如果将铜片与直流电源的负极相连，铁制镀件与直流电源的正极相连，通电后会观察到什么现象？此时阴极和阳极各发生什么反应？

2.请通过查阅资料，探讨工业生产中如何提高电镀的质量。

3. 在配置电解质溶液时，为什么要在$CuSO_4$溶液中加入氨水制成铜氨溶液？应如何正确配置铜氨溶液？

【实验疑惑】

1.在步骤1中，通常对铁制镀件做如下要求，请在横线上填写原因。

电镀时最好使用新铁钉或用砂纸把铁制镀件打磨干净_____，

经水洗_____、碱洗_____、酸洗_____、水

洗_____，洗净后应立即进行电镀。

【必备知识】

1. 电解池的阴阳极判断方法、离子放电顺序、电解饱和食盐水的氯碱工业流程、电镀技术、电解精炼铜的原理以及电冶炼活泼金属的基本过程。

2. 生产过程（离子交换膜法）

电解生产的主要过程（见下图）：NaCl从_____极区加入，H_2O从_____极区加入。在阴极，H^+放电，这一过程破坏了水的电离平衡，导致OH^-浓度增大。随后，OH^-和Na^+结合，生成NaOH溶液。

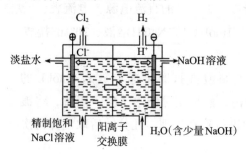

3. 电解法制取活泼金属（常见错考）

（1）不能用电解熔融MgO制取Mg，原因是MgO的熔点（2852℃）远高于$MgCl_2$的熔点（714℃），工业上从节能考虑。

（2）不能用电解$AlCl_3$制取Al，原因是$AlCl_3$是一种共价化合物，具有分子晶体的特性，加热时会升华，熔化的氯化铝不易导电。

（3）不能用电解$MgCl_2$和$AlCl_3$的水溶液来制取Mg和Al，因为在电解过程中，会发生如下反应：$MgCl_2 + 2H_2O \xrightleftharpoons{\text{电解}} Mg(OH)_2\downarrow + H_2\uparrow + Cl_2\uparrow$

【关键能力】

【基础】 电解池原理

1. [2022·辽宁综·9]如下图，c管为上端封口的量气管，为测定乙酸溶液浓度，量取10.00mL待测样品加入b容器中，接通电源，进行实验。下列说法正确的是（　　　）

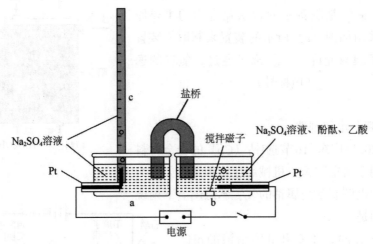

A. 左侧电极反应：$2H_2O - 4e^- = O_2\uparrow + 4H^+$

B. 实验结束时，b中溶液红色恰好褪去

C. 若c中收集气体11.20mL，则样品中乙酸浓度为$0.1mol\cdot L^{-1}$

D. 把盐桥换为U形铜导线，不影响测定结果

【基础】电解电极反应式的书写强调

2. [2021·湖南·16节选]氨电解法制氢气。利用电解原理，将氨转化为高纯氢气，其装置如下图所示。

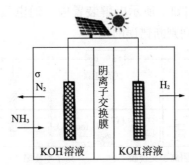

（4）电解过程中OH^-的移动方向为_____（填"从左往右"或"从右往左"）。

（5）阳极的电极反应式为：_____。

【基础】制备物质——氯碱工业（电解氯化钠溶液）

3. [2020·全国Ⅱ·26节选]化学工业为疫情防控提供了强有力的物质支撑。氯的许多化合物既是重要化工原料，又是高效、广谱的灭菌消毒剂。回答下列问题：

（1）氯气是制备系列含氯化合物的主要原料，可采用如图（a）所示的装置来制取。装置中的离子膜只允许_____离子通过，氯气的逸出口是_____（填标号）。

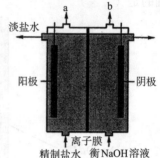

【应用】电解制造

4. [2021·广东·16节选]钴（Co）的合金材料广泛应用于航空航天、机械制造等领域。如图为水溶液中电解制备金属钴的装置示意图。下列说法正确的是（　　）

A. 工作时，Ⅰ室和Ⅱ室溶液的pH均增大

B. 生成1mol Co，Ⅰ室溶液质量理论上减少16g

C. 移除两交换膜后，石墨电极上发生的反应不变

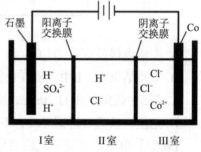

D. 电解总反应：$2Co^{2+} + 2H_2O \xrightarrow{\text{通电}} 2Co + O_2\uparrow + 4H^+$

5. [2021·天津综·11]如下所示电解装置中，通电后石墨电极Ⅱ上有O_2生成，Fe_2O_3逐渐溶解，下列判断错误的是（　　）

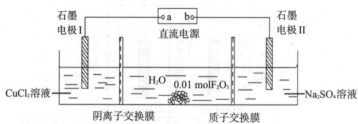

A. a是电源的负极

B. 通电一段时间后，向石墨电极Ⅱ附近滴加石蕊溶液，出现红色

C. 随着电解的进行，$CuCl_2$溶液浓度变大

D. 当0.01 mol Fe_2O_3完全溶解时，至少产生气体336mL（折合成标准状况下）

【综合】电解池原理的拓展部分

6.[2020·山东综·13]采用惰性电极，以去离子水和氧气为原料通过电解法制备双氧水的装置如右图所示。忽略温度变化的影响，下列说法错误的是（　　　）

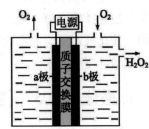

A. 阳极反应为 $2H_2O-4e^-\!\!=\!\!=\!\!4H^++O_2\uparrow$

B. 电解一段时间后，阳极室的pH未变

C. 电解过程中，H^+由a极区向b极区迁移

D. 电解一段时间后，a极生成的 O_2 与b极反应的 O_2 等量

【基础】金属的锈蚀与防护

7. （双选）下列有关金属的电化学腐蚀与防护的叙述中，不正确的是（　　　）

A. [2021·辽宁综·1]纯铁比生铁易生锈

B. [2021·湖南·2选]镀锌铁皮的镀层破损后，铁皮会加速腐蚀

C. [2021·广东·4选]公园的钢铁护栏涂刷多彩防锈漆，原理是钢铁与潮湿空气隔绝可防止腐蚀

学生自我评价表			
知识清单	评价内容	分值	自测得分
构成原电池的条件	我是否知道构成原电池的条件？	2	
原电池能量转化	我是否了解原电池中的能量转化？	2	
原电池半反应书写	我是否学会了原电池半反应的书写？	3	
原电池计算	我是否能用原电池的知识进行相关计算？	3	
总分		10	
对本课时内容学习的自评：			

第9实验单元　化学反应速率与化学平衡

本单元实验包括：1.必修2 P57【实验活动7】影响化学反应速率的因素，2.选择性必修1第二章：浓度对反应速率的影响、温度对反应速率的影响、催化剂对反应速率的影响、探究不同的催化剂对反应速率的影响、测量锌与硫酸的反应速率。

1.必修2，P57【实验活动7】化学反应速率的影响因素

【实验目的】

1.通过实验感受浓度、温度和催化剂对化学反应速率的影响。

2.理解如何通过改变反应条件来调控化学反应的速率。

【实验用品】

药品：0.1mol/L H_2SO_4 溶液、0.1mol/L $Na_2S_2O_3$ 溶液、10% H_2O_2 溶液、1mol/L $FeCl_3$ 溶液、MnO_2 粉末、蒸馏水。

仪器：烧杯、量筒、试管架、胶头滴管、试管、温度计、药匙、秒表。

【实验安全】

注意通风。

【实验步骤】

1.浓度对化学反应速率的影响

实验操作	实验现象	实验结论
取两支大小相同的试管,分别加入2mL和1mL 0.1mol/L $Na_2S_2O_3$ 溶液,向盛有1mL 0.1mol/L $Na_2S_2O_3$ 溶液的试管加入1mL蒸馏水,摇匀。再同时向两支试管中加入2mL 0.1mol/L H_2SO_4 溶液,振荡。观察、比较两支试管溶液出现浑浊的快慢。		

2.温度对化学反应速率的影响

实验操作	实验现象	实验结论
取两支大小相同的试管,分别加入2mL 0.1mol/L $Na_2S_2O_3$ 溶液,分别放入盛有冷水和热水的两个烧杯中。再同时向两支上述试管中加入2mL 0.1mol/L H_2SO_4 溶液,振荡。观察、比较两支试管中溶液出现浑浊的快慢。		

3. 催化剂对化学反应速率的影响

实验操作	实验现象	实验结论
向大小相同的三支试管中各加入 2mL10% H_2O_2 溶液，再向其中两支试管中分别加入少量 MnO_2 粉末和 2 滴 1mol/L $FeCl_3$ 溶液。观察、比较三支试管中气泡出现的快慢。		

【反思与讨论】

通常情况下，铁与冷水或热水都不反应，但红热的铁与水蒸气则可反应，试从反应条件的角度思考并解释这一现象。

【必备知识】

单一条件对照实验设计要点：

1. 确保除对照条件外其他因素必须一致（溶液的保持总体积一致，在实验浓度对化学反应速率的影响中，往试管中补加 1mL 蒸馏水的目的是为了保证两支试管中溶液的总体积一致）。

2. 设计对照实验要易于观察对比，颜色变化明显，温度差异大等。

【关键能力】

1. [2022·江苏]恒温恒容的密闭容器中，在某催化剂表面上发生氨的分解反应：$2NH_3(g) \underset{\text{催化剂}}{\rightleftharpoons} N_2(g) + 3H_2(g)$，测得不同起始浓度和催化剂表面积下氨浓度随时间的变化，如下表所示，下列说法不正确的是（　　　）

编号	$c(NH_3)/(10^{-3} mol \cdot L^{-1})$　　　时间/min 表面积/cm^2	0	20	40	60	80
①	a	2.40	2.00	1.60	1.20	0.80
②	a	1.20	0.80	0.40	x	
③	$2a$	2.40	1.60	0.80	0.40	0.40

A. 实验①，$0 \sim 20$ min，$v(N_2) = 1.00 \times 10^{-5}$ mol $\cdot L^{-1} \cdot$ min^{-1}

B. 实验②，60 min 时处于平衡状态，$x \neq 0.40$

C. 相同条件下，增加氨气的浓度，反应速率增大

D. 相同条件下，增加催化剂的表面积，反应速率增大

2. [2021·辽宁]某温度下，降冰片烯在钛杂环丁烷催化下聚合，反应物浓度与催化剂浓度及时间关系如图。已知反应物消耗一半所需的时间称为半衰期，下列说法错误的是（　　）

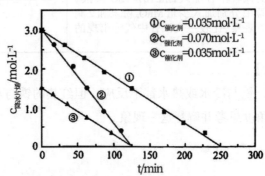

A. 其他条件相同时，催化剂浓度越大，反应速率越大

B. 其他条件相同时，降冰片烯浓度越大，反应速率越大

C. 条件①，反应速率为 $0.012\,mol\cdot L^{-1}\cdot min^{-1}$

D. 条件②，降冰片烯起始浓度为 $3.0\,mol\cdot L^{-1}$ 时，半衰期为 62.5 min

学生自我评价表			
知识清单	评价内容	分值	自测得分
化学方程式	上述实验中涉及的反应方程式是否书写准确？	3	
影响化学反应速率的因素	我能否列举出影响化学反应速率的因素？	2	
影响化学反应速率的因素与化学反应速率变化的联系	我是否知道化学反应速率变化与温度、浓度、压强及催化剂的关系以及内在活化分子数及活化分子百分数的变化？	2	
实验验证	我能否设计基于单因素的温度、浓度、压强及催化剂变化的实验？	2	
实验改进	实验完成后，能否提出改进建议以便完善实验？	1	
总分		10	
对本课时内容学习的自评：			

2. 选择性必修1，P26 【探究实验】浓度对反应速率的影响

实验名称	浓度对反应速率的影响
实验用品	0.1mol/L $Na_2S_2O_3$溶液、0.1mol/L硫酸、0.5mol/L硫酸、试管、量筒、试管架、胶头滴管
反应原理	$Na_2S_2O_3 + H_2SO_4 === Na_2SO_4 + S\downarrow + H_2O + SO_2\uparrow$

实验操作	实验现象	实验结论
相同温度下，向两支试管中分别加入5mL 0.1mol·L^{-1} $Na_2S_2O_3$溶液，然后同时分别向试管①和试管②中加入5 mL 0.5 mol·L^{-1} H_2SO_4溶液和5mL 0.1mol·L^{-1} H_2SO_4溶液，比较两支试管中分别出现黄色浑浊的快慢。	两支试管中的溶液____，滴加0.5mol·L^{-1} H_2SO_4溶液的试管_____。	其他条件相同时，增大反应物浓度，反应速率_____。

3. 选择性必修1，P26 【探究实验】温度对反应速率的影响

实验名称	温度对反应速率的影响
实验用品	0.1mol/L $Na_2S_2O_3$溶液、0.1mol/L硫酸、蒸馏水、热水、烧杯、试管、量筒、试管架、胶头滴管、温度计、秒表、白纸
反应原理	$Na_2S_2O_3 + H_2SO_4 === Na_2SO_4 + S\downarrow + H_2O + SO_2\uparrow$

实验操作	实验现象	实验结论
取两支试管各加入5mL 0.1mol/L $Na_2S_2O_3$溶液；另取两支试管各加入5mL 0.1mol/L H_2SO_4溶液；将四支试管分成两组（各有一支盛有 $Na_2S_2O_3$ 溶液和 H_2SO_4 溶液的试管），一组放入冷水中，另一组放入热水中，经过一段时间后，分别混合并振荡试管。记录出现浑浊的时间。	出现浑浊时间，热水_____，冷水____。	其他条件相同时，升高温度，反应速率____；降低温度，反应速率____。

【反思与讨论】

对于可逆反应，升高温度，正、逆反应速率如何变化？

4. 选择性必修1，P26【探究实验】催化剂对反应速率的影响

实验名称	催化剂对反应速率的影响	
实验用品	5%的过氧化氢溶液、1mol/L氯化铁溶液、试管、量筒、胶头滴管、试管架	
反应原理	$2H_2O_2 = 2H_2O + O_2\uparrow$	
实验操作	实验现象	实验结论
在两支大小相同的试管中各装入3mL 5%的过氧化氢溶液，再向其中一支试管中加入1～2滴 1mol/L氯化铁溶液，对比观察现象。	在氯化铁溶液的催化下，过氧化氢溶液分解速率更_____。	其他条件相同时，使用催化剂可以_____化学反应速率。

5. 选择性必修1，P26【探究实验】探究不同的催化剂对反应速率的影响

实验名称	探究不同的催化剂对反应速率的影响		
实验用品	5%的过氧化氢溶液、1mol/L氯化铁溶液、二氧化锰粉末、试管、量筒、胶头滴管、药匙、试管架		
实验操作		实验现象	实验结论
在三支大小相同的试管中各装入3mL 5%的过氧化氢溶液，再向其中两支试管中分别加入少量的二氧化锰粉末、1～2滴 1mol/L氯化铁溶液，对比观察现象。		在二氧化锰粉末和氯化铁溶液的催化下，过氧化氢溶液分解速率比不加催化剂时要_____。	

6. 选择性必修1，P26【探究实验】测量锌与硫酸反应速率

实验名称	测量锌与硫酸反应速率
实验用品	锌粒、1mol/L H_2SO_4溶液、4mol/L H_2SO_4溶液、锥形瓶、双孔塞、分液漏斗、直角导气管、50mL注射器、铁架台、秒表。
反应原理	$Zn+H_2SO_4=ZnSO_4+H_2\uparrow$

实验操作
安装两套装置，在锥形瓶内各盛有2g锌粒(颗粒大小基本相同)，通过分液漏斗分别加入40mL 1mol/L和40mL 4mol/L的H_2SO_4溶液，比较二者收集10mL氢气所用的时间。

实验记录			
试剂	所用时间	反应速率	实验结论
1mol/L H_2SO_4溶液			
4mol/L H_2SO_4溶液			

【反思与讨论】

1. 如何检查装置的气密性？

2. 影响此反应的变量有哪些？

3. 为什么要求浓度不同的H_2SO_4溶液体积相同？

【实验疑惑】

1. 你能例举出多少种方法测$Zn+H_2SO_4=ZnSO_4+H_2\uparrow$反应的速率？

2. 什么是控制变量法？

3. 不同化学反应进行的快慢差别很大，在科学研究中，如何描述一个反应进行的快慢？

【改进或创新实验（题）】（来源：学科网）

请同学们选择合适的实验用品，自主设计实验方案，探究催化剂对化学反应速率的影响。

1. 实验用品：5% H_2O_2，1 mol/L $CuSO_4$，1 mol/L $CuCl_2$，1 mol/L $FeCl_3$，$MnSO_4$固体，0.01 mol/L $KMnO_4$，0.1 mol/L $H_2C_2O_4$，碘水，淀粉溶液，唾液，4mol/L H_2SO_4。

2. 资料卡片：$2KMnO_4+5H_2C_2O_4+3H_2SO_4=K_2SO_4+2MnSO_4+10CO_2\uparrow+8H_2O$

$2H_2O_2=2H_2O+O_2\uparrow$ $(C_6H_{10}O_5)n+nH_2O \xrightarrow{\text{催化剂}} nC_6H_{12}O_6$

3. 实验探究1

实验过程：在两支试管中各加入5滴0.01 mol/L $KMnO_4$酸性溶液和2 mL 0.1mol/L $H_2C_2O_4$、1 ml 4 mol/L H_2SO_4溶液；再向其中一支试管中加入一粒黄豆大的$MnSO_4$固体。摇匀，记录溶液褪色所需时间。

试剂	0.01 mol/L $KMnO_4$ 0.1 mol/L $H_2C_2O_4$	0.01 mol/L $KMnO_4$、0.1 mol/L $H_2C_2O_4$、$MnSO_4$
褪色时间		
结论		

4. 实验探究2

实验过程：在两支试管中各加入4 mL 5%的H_2O_2。再向H_2O_2溶液中分别滴入1 mol/L $FeCl_3$和$CuSO_4$溶液各10滴，摇匀，比较H_2O_2的分解速率。

试剂	1 mol/L $FeCl_3$	1 mol/L $CuSO_4$
现象		
结论		

5. 实验探究3

实验过程：取两支试管，各加入2 mL淀粉溶液和2滴碘水，然后向其中一只试管中加入1mL 2mol/L H_2SO_4溶液；向另一只试管中加入1 mL唾液，振荡。观察、比较硫酸溶液、唾液对淀粉水解的催化效果。

试剂	硫酸溶液、淀粉溶液、碘水	唾液、淀粉溶液、碘水
现象		
结论		

【实验评价】

1. 实验探究2的缺点是什么？

2. 实验探究2的结论说明了什么？

3. 总结酶催化特点。

【必备知识】

掌握影响化学反应速率的外界因素。

【关键能力】

1. [2022·天津]向恒温恒容密闭容器中通入2mol SO_2和1mol O_2，反应 $2SO_2(g)+O_2(g) \rightleftharpoons 2SO_3(g)$ 达到平衡后，再通入一定量O_2，达到新平衡时，下列有关判断错误的是（　　）

A. SO_3的平衡浓度增大　　　　B. 反应平衡常数增大

C. 正向反应速率增大　　　　　D. SO_2的转化总量增大

2. [2022·辽宁]下列实验能达到目的的是（　　）

选项	实验目的	实验方法或操作
A	测定中和反应的反应热	酸碱中和滴定的同时，用温度传感器采集锥形瓶内溶液的温度
B	探究浓度对化学反应速率的影响	量取同体积不同浓度的$NaClO$溶液，分别加入等体积等浓度的Na_2SO_3溶液，对比现象
C	判断反应后Ba^{2+}是否沉淀完全	将Na_2CO_3溶液与$BaCl_2$溶液混合，反应后静置，向上层清液中再加1滴Na_2CO_3溶液
D	检验淀粉是否发生了水解	向淀粉水解液中加入碘水

3. [2023·广东]按图装置进行实验。将稀硫酸全部加入Ⅰ中的试管，关闭活塞。下列说法正确的是（　　）

A. Ⅰ中试管内的反应，体现H^+的氧化性

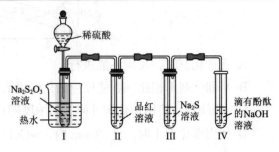

B. Ⅱ中品红溶液褪色，体现 SO_2 的还原性

C. 在Ⅰ和Ⅲ的试管中，都出现了浑浊现象

D. 撤掉水浴，重做实验，Ⅳ中红色更快褪去

4.[2023·北京]下列事实能用平衡移动原理解释的是（　　）

A. H_2O_2 溶液中加入少量 MnO_2 固体，促进 H_2O_2 分解

B. 密闭烧瓶内的 NO_2 和 N_2O_4 的混合气体，受热后颜色加深

C. 铁钉放入浓 HNO_3 中，待不再变化后，加热能产生大量红棕色气体

D. 锌片与稀 H_2SO_4 反应过程中，加入少量 $CuSO_4$ 固体，促进 H_2 的产生

5.[2023·辽宁]一定条件下，酸性 $KMnO_4$ 溶液与 $H_2C_2O_4$ 发生反应，Mn（Ⅱ）起催化作用，过程中不同价态含 Mn 粒子的浓度随时间变化如下图所示。下列说法正确的是（　　）

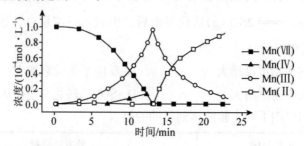

A. Mn（Ⅲ）不能氧化 $H_2C_2O_4$

B. 随着反应物浓度的减小，反应速率逐渐减小

C. 该条件下，Mn（Ⅱ）和 Mn（Ⅶ）不能大量共存

D. 总反应为：$2MnO_4^- + 5C_2O_4^{2-} + 16H^+ = 2Mn^{2+} + 10CO_2\uparrow + 8H_2O$

6.[2022·广东]在相同条件下研究催化剂Ⅰ、Ⅱ对反应 $X \rightarrow 2Y$ 的影响，各物质浓度c随反应时间t的部分变化曲线如图，则（　　）

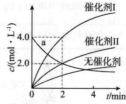

A. 无催化剂时，反应不能进行

B. 与催化剂Ⅰ相比，Ⅱ使反应活化能更低

C. a曲线表示使用催化剂Ⅱ时 X 的浓度随t的变化而变化

D. 使用催化剂Ⅰ时，0～2 min 内，$v(X) = 1.0 \text{ mol·L}^{-1}\cdot\text{min}^{-1}$

7. [2022·河北] （双选）恒温恒容条件下，向密闭容器中加入一定量X，发生反应的方程式为① $X=Y$；② $Y=Z$。反应①的速率 $v_1=k_1c(X)$，反应②的速率 $v_2=k_2c(Y)$，式中 k_1、k_2 为速率常数。图甲为该体系中X、Y、Z浓度随时间变化的曲线，图乙为反应①和②的 $\ln k \sim \dfrac{1}{T}$ 曲线。下列说法错误的是（ ）

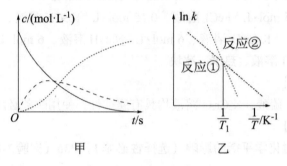

甲　　　　　　　　　乙

A. 随 $c(X)$ 的减小，反应①、②的速率均降低

B. 体系中 $v(X)=v(Y)+v(Z)$

C. 欲提高Y的产率，需提高反应温度且控制反应时间

D. 温度低于 T_1 时，总反应速率由反应②决定

学生自我评价表			
知识清单	评价内容	分值	自测得分
实验成功的关键	我是否清楚什么是控制变量法？	2	
反应原理	我能否正确书写实验相关的化学反应方程式？	2	
实验能力	我能否设计实验定量测定锌与稀硫酸反应速率？	3	
必备知识	我能否掌握外界因素对化学反应速率的影响？	3	
总分		10	
对本课时内容学习的自评：			

7. 探究影响化学平衡移动的因素

必修2，P43【探究】选择性必修1，P36【实验2-1】P38【实验2-2】P39【实验2-3】P55【实验活动1】

【实验目的】

1. 认识浓度因素对化学平衡的影响。

2. 进一步学习控制变量、对比等科学方法。

【实验用品】

小烧杯、大烧杯、量筒、试管、试管架、玻璃棒、胶头滴管、酒精灯、火柴、注射器、两个封装有 NO_2 和 N_2O_4 混合气体的圆底烧瓶。

铁粉、0.05 mol·L^{-1} $FeCl_3$ 溶液、0.15 mol·L^{-1} KSCN 溶液、蒸馏水、新制 NO_2、0.1 mol·L^{-1} $K_2Cr_2O_7$ 溶液、6 mol·L^{-1} NaOH 溶液、6 mol·L^{-1} H_2SO_4 溶液、0.5 mol·L^{-1} $CuCl_2$ 溶液、热水、冰块。

【实验安全】

氢氧化钠、硫酸、$K_2Cr_2O_7$ 溶液均具有腐蚀性，使用时务必注意防护。

【实验步骤】

一、浓度对化学平衡的影响（选择性必修1，P36【实验2-1】与P55实验活动1整合）

1. $FeCl_3$ 溶液与 KSCN 溶液的反应

（1）在小烧杯中加入 10 mL 蒸馏水，再滴入 5 滴 0.05 mol·L^{-1} $FeCl_3$ 溶液和 5 滴 0.15 mol·L^{-1} KSCN 溶液，用玻璃棒搅拌至充分混合，然后分到 a、b、c 三支试管中。

（2）向试管 a 中加 5 滴 0.05 mol·L^{-1} $FeCl_3$ 溶液，向试管 b 中加 5 滴 0.15 mol·L^{-1} KSCN 溶液，观察并记录实验现象，与试管 c 对比。完成下表。

实验内容	向试管a中加5滴0.05 mol·L^{-1} $FeCl_3$ 溶液	向试管b中加5滴0.15 mol·L^{-1} KSCN 溶液
实验现象		
实验结论	在＿＿＿＿＿＿＿＿时，＿＿＿＿＿＿＿的浓度，平衡＿＿＿＿＿向移动。	

（3）继续向上述两支试管中分别加入少量铁粉，观察并记录现象。完成下表。

实验内容	向试管a中加入少量铁粉	向试管b中加入少量铁粉
实验现象		
结论结论	在其他条件不变时，＿＿＿＿＿＿＿的浓度，平衡＿＿＿＿＿向移动。	

2. 在 $K_2Cr_2O_7$ 溶液中存在如下平衡

$$\underset{(橙色)}{Cr_2O_7^{2-}} + H_2O \underset{}{\rightleftharpoons} \underset{(黄色)}{2CrO_4^{2-}} + 2H^+$$

取一支试管，加入 2 mL 0.1 mol·L⁻¹ $K_2Cr_2O_7$ 溶液，按下表中的步骤操作，观察溶液颜色变化，判断平衡移动情况。完成下表。

实验步骤	实验现象	实验结论
（1）向试管中中加5～10滴 6 mol·L⁻¹ NaOH溶液		在其他条件不变时，_____的浓度，平衡_____向移动。
（2）向试管中继续滴加5～10滴 6 mol·L⁻¹ H_2SO_4 溶液		在其他条件不变时，_____的浓度，平衡_____向移动。

二、压强对化学平衡的影响（选择性必修1，P38【实验2-2】）

按表中实验操作步骤完成实验，观察实验现象，将有关实验现象及其结论填入表中：

实验原理	$2NO_2 \rightleftharpoons N_2O_4$ 红棕色　　　红棕色	
实验操作	20 mL NO_2、N_2O_4　Ⅰ处　　　NO_2、N_2O_4 Ⅱ处　　（图片来源于网络）	
	活塞Ⅱ处→Ⅰ处，压强_____。	活塞Ⅰ处→Ⅱ处，压强减小。
实验现象	混合气体的颜色先变深又逐渐变浅	混合气体的颜色先_____又逐渐_____。
实验结论	活塞往里推，体积减小，压强_____，c(NO_2)增大，颜色_____，但颜色又变浅，说明c(NO_2)减小，平衡向_____方向移动。	
	活塞往外拉，体积增大，压强减小，c(NO_2)减小，颜色变浅，但气体颜色又变深，说明c(NO_2)增大，平衡向逆反应方向移动。	

三、温度对化学平衡的影响（选择性必修1，P39【实验2-3】与P55实验活动整合）

1. 分别取 2 mL 0.5 mol·L⁻¹ $CuCl_2$ 溶液加入两支试管中，将其中的一支试管先加热，然后置于冷水中，观察并记录实验现象，与另一支试管进行对比。完成下表。

实验操作	实验现象	实验结论
分别取 2 mL 0.5 mol·L⁻¹ $CuCl_2$溶液加入两支试管中	溶液呈_____色	
（1）加热试管	溶液由蓝色变为_____色	在其他条件不变时，升高温度，平衡向_____移动。
（2）将上述试管置于冷水中	溶液_____	在其他条件不变时，降低温度，平衡向_____移动。

2. 取两个封装有 NO_2 和 N_2O_4 混合气体的圆底烧瓶（编号分别为1和2），将它们分别浸在盛有热水、冷水的大烧杯中，比较两个烧瓶里气体的颜色。

烧瓶编号	1	2
实验操作	置于热水	置于冷水
实验现象		
实验结论	在其他条件不变时,升高温度,平衡向_____热方向移动。	在其他条件不变时,降低温度,平衡向_____热方向移动。

【反思与讨论】

1. $Cr_2O_7^{2-}$ 和 CrO_4^{2-} 的颜色分别是什么？Cr元素的化合价是多少？

2. 写出 $Cr_2O_7^{2-}$ 与 CrO_4^{2-} 相互转化的离子方程式。

3. 阐述一下此对比实验的优势所在。

4. 针对反应 $FeCl_3+3KSCN \rightleftharpoons Fe(SCN)_3+3KCl$，请问加入KCl固体后平衡是否会移动？

5. 请结合方程式，详细分析实验1（3）中现象变化的原因。

6. 判断以下说法是否正确：在标准状况下，22.4L的 NO_2 恰好为1mol。

【实验评价】

在进行此实验时，需特别注意胶头滴管和玻璃棒的正确操作方式，并严格控制实验中的变量。

【实验疑惑】

1. 在进行浓度和温度对化学平衡影响的实验时，应注意哪些关键点？

2. 结合实验内容，尝试总结归纳能够影响化学平衡移动的主要因素。

3. 在对 $CuCl_2$ 溶液加热时，你是否观察到了 $[CuCl_4]^{2-}$ 的黄色？如果观察到了，请解释其原因。

【必备知识】

1.浓度变化对化学平衡移动的影响规律。

2.温度变化对化学平衡移动的影响规律。

3.压强变化对化学平衡移动的影响规律。

【关键能力】

【基础】化学平衡移动的判断

1.[2022·广东]恒容密闭容器中，$BaSO_4(s)+4H_2(g) \rightleftharpoons BaS(s)+4H_2O(g)$在不同温度下达平衡时，各组分的物质的量（n）如图所示。下列说法正确的是（　　）

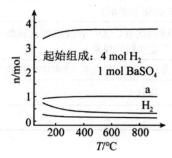

起始组成：4 mol H_2
1 mol $BaSO_4$

A. 该反应的 $\Delta H < 0$

B. a 为 n(H_2O)随温度的变化曲线

C. 向平衡体系中充入惰性气体，平衡不移动

D. 向平衡体系中加入 $BaSO_4$，H_2 的平衡转化率增大

2.[2020·浙江]一定条件下：$2NO_2 \rightleftharpoons N_2O_4$　$\Delta H < 0$。在测定 NO_2 的相对分子质量时，下列条件中，测定结果误差最小的是（　　）

A. 温度 $0\,℃$、压强 $50\,kPa$

B. 温度 $130\,℃$、压强 $300\,kPa$

C. 温度 $25\,℃$、压强 $100\,kPa$

D. 温度 $130\,℃$、压强 $50\,kPa$

3.下列叙述错误的是（　　）

A.[2022·全国甲卷]向 K_2CrO_4 溶液中缓慢滴加硫酸，黄色变为橙红色。因为增大氢离子浓度，平衡向生成 $Cr_2O_7^{2-}$ 的方向移动。

B.[2022·湖南]在 5mL 水中滴加 2 滴 $FeCl_3$ 溶液，呈棕黄色，煮沸，溶液变红褐色。

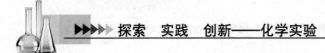

C. [2020·天津]除去 Cl_2 中的 HCl：

饱和 NaCl 溶液

D. [2019·江苏]蒸干 $AlCl_3$ 溶液制无水 $AlCl_3$ 固体：

甲

学生自我评价表			
知识清单	评价内容	分值	自测得分
化学方程式	我是否了解 $Cr_2O_7^{2-}$ 溶液中、NO_2 以及硫氰化钾检验 Fe^{3+} 反应的化学平衡？	6	
实验现象	我能够准确描述在 $Cr_2O_7^{2-}$ 溶液中加入硫酸或氢氧化钠后所观察到的现象？	2	
实验现象	我是否知道 NO_2 球泡在热水、冷水中的现象？	4	
总分		10	
对本课时内容学习的自评：			

第10实验单元　简单的有机物

1. 烷烃和烯烃

本单元实验包括必修2第七章：甲烷与氯气反应、乙烯与高锰酸钾反应、乙烯与溴反应。

【实验目的】

1. 探究甲烷和乙烯的化学性质，以加深对"结构决定性质"的理解。

2. 通过实验，提升分析问题、解决问题及独立思考的能力。

1-1　必修2，P64【实验7-1】甲烷与氯气反应

实验名称	甲烷与氯气反应
实验用品	饱和食盐水、无水乙酸钠、生石灰、氢氧化钠、高锰酸钾、浓盐酸、试管、试管架、铁架台、单孔橡胶塞、双孔橡胶塞、玻璃导管、分液漏斗、胶皮管、酒精灯、升降台、火柴、铝箔、废液缸、橡胶手套

装置图	实验操作	实验现象	实验结论
铝箔 CH₄和Cl₂ 饱和食盐水　漫散光 CH₄和Cl₂ 饱和食盐水	(1)制取甲烷:在试管中加入无水乙醇钠、生石灰、氢氧化钠的混合物,点燃酒精灯加热。当导管口出现连续气泡后,采用排饱和食盐水法收集两支半试管的甲烷。 (2)制取氯气:用分液漏斗向装有高锰酸钾的试管中滴加浓盐酸,同样采用排饱和食盐水,收集两支半试管的氯气。 (3)固定试管于铁架台,一支用铝箔包裹,另一支试管置于非直射光亮处,静置后比较两支试管内的反应现象。		

【反思与讨论】

1. 为什么甲烷与氯气的反应不能放在日光直射处进行?

2. 甲烷与氯气反应是否可能仅生成CH_3Cl? 请说明理由。

【实验疑惑】

为什么在甲烷与氯气的反应中要选用饱和食盐水?

1-2　必修2，P67【实验7-2】P68【实验7-3】乙烯与酸性高锰酸钾和溴的反应

实验名称	乙烯与酸性高锰酸钾和溴的反应		
实验用品	乙烯、酸性高锰酸钾溶液、溴的四氯化碳溶液、导管、试管、试管架		
装置图	实验操作	实验现象	实验结论
	(1)向试管中注入酸性高锰酸钾溶液，随后通入产生的乙烯气体，观察并记录实验现象。		
	(2)另取试管，注入溴的四氯化碳溶液，通入乙烯气体，同样观察实验并记录现象。		

【反思与讨论】

1. 为什么乙烯能使高锰酸钾溶液和溴的四氯化碳溶液褪色，而甲烷却无此性质?

2. 请写出乙烯与溴的四氯化碳溶液反应的化学方程式。

【实验疑惑】

本实验在证明乙烯与溴能发生加成反应时，我们选择了溴的四氯化碳溶液而非溴水，这是为什么?

【必备知识】

烃的结构、烃的命名、烃的物理性质，氧化反应、取代反应、加成反应、

聚合反应等，同系物和同分异构体的概念。

【关键能力】

【基础】 烷烃与烯烃的基础知识

1. [全国Ⅱ]实验室中用如图所示的装置进行甲烷与氯气在光照下反应的实验。光照下反应一段时间后，下列装置示意图中能正确反映实验现象的是（　　）

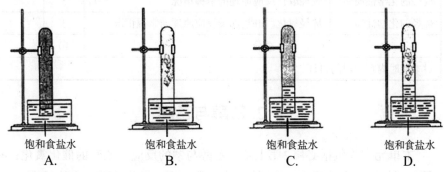

|　A.　|　B.　|　C.　|　D.　|

饱和食盐水　　　饱和食盐水　　　饱和食盐水　　　饱和食盐水

2. 下列叙述正确的是（　　）

A. [2019·浙江]乙烯与溴水发生加成反应的产物是 $CH_2CH_2Br_2$

B. [2019·新课标Ⅱ]48 g 正丁烷和 10 g 异丁烷的混合物中共价键数目为 $13N_A$

C. [2023·辽宁]顺—2—丁烯的结构简式：

D. [2018·全国卷Ⅲ]1 mol 乙烷和 1 mol 乙烯中，化学键数相同

3. （双选）下列说法正确的是（　　）

A. [2019·新课标Ⅱ]向盛有高锰酸钾酸性溶液的试管中通入足量的乙烯后静置，溶液的紫色逐渐褪去，静置后溶液分层

B. [2022·天津]中国"深海一号"平台成功实现从深海中开采石油和天然气，石油和天然气都是混合物

C. [2019·浙江]等物质的量的甲烷与氯气反应的产物是 CH_3Cl

D. [2022·广东]石油裂解气能使溴的 CCl_4 溶液褪色的原因是石油裂解可得到乙烯等不饱和烃

【综合】 烷烃与烯烃综合知识的运用

4. [2022·辽宁]下列关于苯乙炔（　　）的说法正确的是（　　）

A. 不能使酸性 $KMnO_4$ 溶液褪色　　　B. 分子中最多有 5 个原子共直线

C. 能发生加成反应和取代反应　　　D. 可溶于水

学生自我评价表			
知识清单	评价内容	分值	自测得分
烷烃的物理性质	结构、颜色、气味、状态、溶解性	2	
烯烃的物理性质	结构、颜色、气味、状态、溶解性	2	
烷烃的化学性质	烷烃取代反应原理的掌握情况	3	
烯烃的化学性质	烯烃氧化、加成、加聚反应原理的掌握情况	3	
总分		10	
对本课时内容学习的自评:			

2. 乙醇与乙酸

本单元实验包括必修2第七章：乙醇与钠的反应、乙醇的催化氧化；必修1第二章：钠与水的反应；选择性必修3第一章：钠与乙醇、水的反应。

【实验目的】

1. 深入掌握乙醇和乙酸的结构，进一步理解结构决定性质的原理。

2. 通过实验提升探究能力和科学创新精神。

3. 了解乙醇和乙酸的广泛应用。

2-1　必修2，P77【实验7-4】；选择性必修3，P7【实验1-1】
乙醇与钠的反应

实验名称	乙醇与钠的反应		
实验用品	无水乙醇、钠、澄清石灰水、小刀、滤纸、玻璃片、烧杯、试管、试管架、镊子、附带导管的橡胶塞、酒精灯、火柴		
实验操作		实验现象	实验结论
(1)在盛有少量无水乙醇的试管中,加入一小块新切的、用滤纸吸干表面煤油的钠,在试管口迅速塞上带尖嘴导管的橡胶塞,观察并记录现象。			
(2)点燃酒精灯,把小试管倒扣在导管口收集产生的气体。取下小试管,并用大拇指堵住试管口,靠近火焰,松开拇指,检验其纯度,然后点燃气体,观察并记录现象。			钠与乙醇反应有氢气产生
(3)再将干燥的小烧杯罩在火焰上,待烧杯壁上出现液滴后,迅速倒转烧杯,向其中加入少量澄清石灰水,振荡,观察并记录现象。			

【反思与讨论】

1. 请写出钠与乙醇反应的具体化学方程式。

2. 钠为什么会在乙醇溶液中呈现上下跳动的现象？

2-2　必修1，P36【探究实验】；选择性必修3，P7
【实验1-1】钠与水的反应

实验名称	钠与水的反应	
实验用品	钠、酚酞溶液、小刀、滤纸、玻璃片、烧杯、镊子	
实验操作	实验现象	实验结论
(1)往盛有蒸馏水的烧杯中滴入几滴酚酞溶液。	无明显现象	
(2)取一小块金属钠，用滤纸吸干表面的煤油，用小刀切下一块绿豆大的金属钠，把切好的钠放入水中，观察并记录现象。		①钠的密度比水＿＿＿＿ ②钠的熔点＿＿＿＿ ③反应有气体产生 ④反应后溶液显＿＿＿＿

【反思与讨论】

1. 对比钠与乙醇及水反应的实验现象，分析其中的差异并说明原因。

2. 活泼金属着火能否用水来灭火？若不能，应采用哪种灭火方法？

【创新实验】

钠与水和钠与乙醇反应实验的一体化设计。(赵朝锋.钠与水和钠与乙醇反应实验的一体化设计[J].技术装备与实验教学,2023(24)：24-25.)

实验名称	钠与水和钠与乙醇反应实验的一体化设计		
实验用品	具支试管、小U形管、单孔橡胶塞、装有无水氯化钙（$CaCl_2$）的干燥管、酚酞试剂、金属钠、蒸馏水、无水乙醇		
装置图	实验操作	实验现象	实验结论
无水 $CaCl_2$ 乙醇 水 和钠 和 酚酞 钠	(1)取两支具支试管,分别用单口橡胶塞塞紧,用小U形管(管内先装入少量酚酞)连接。 (2)两支试管中分别放入等量(5 mL)的水和无水乙醇。然后同时分别放入等量金属钠(绿豆粒大小,约0.1 g)。同时封闭两试管口(双手拇指各封一支干燥管口),观察酚酞的移动。	酚酞向左快速移动。	钠与水反应更剧烈。
	(3)控制两个试管口,使酚酞等量地进入两支试管,对比观察两个试管的颜色深浅。	右侧试管溶液颜色更深。	
	(4)分别点燃两端的滴管尖嘴。再先后用干燥的小烧杯和蘸有澄清石灰水的小烧杯罩在两端的上方,观察现象,以检验燃烧产物。	右侧火苗更高一些,证明右侧反应更剧烈;澄清石灰水不变浑浊。	反应均产生了氢气。

2-3　必修2,P78【实验7-5】乙醇的催化氧化

实验名称	乙醇的催化氧化		
实验用品	乙醇、铜丝、酒精灯、试管、试管架		
实验操作		实验现象	实验结论
(1)向试管中加入少量乙醇,取一根铜丝,下端绕成螺旋状,在酒精灯上灼烧,观察现象。			
(2)将灼烧后的铜丝立即插入乙醇,反复几次,注意观察实验现象,小心地闻试管中液体产生的气味。			铜作催化剂;乙醇被氧化生成乙醛。

【反思与讨论】

1.请写出上述实验中乙醇发生反应的化学方程式。

2.除了氧气还有哪些物质能够氧化乙醇?

【实验疑惑】

加热铜丝和把它插入乙醇溶液中的操作为什么要反复进行?

【问题与讨论】

是否所有的醇类均能发生催化氧化?请进行分类探讨。

【必备知识】

乙醇和乙酸的组成与结构、乙醇和乙酸的物理性质、烃的衍生物、官能团、乙醇的置换反应和氧化反应、乙醇的用途、乙酸做为酸性氧化物的通性、酯化反应。

【关键能力】

【基础】 乙酸与乙醇的基础知识

1.下列说法正确的是（　　）

A.[2020·新课标Ⅰ]CH_3CH_2OH能与水互溶

B.[2020·浙江]$HCOOH$和$HOCH_2CHO$互为同系物

C.[2023·浙江]向1L 0.1mol/L CH_3COOH溶液通氨气至中性，铵根离子数为$0.1N_A$

D.[2021·广东]23g Na与足量H_2O反应生成的H_2分子数目为N_A

【综合】 乙酸与乙醇知识的综合运用

2.[天津高考]室温下，向圆底烧瓶中加入1 mol C_2H_5OH和含1mol HBr的氢溴酸，溶液中发生反应；$C_2H_5OH+HBr \rightleftharpoons C_2H_5Br+H_2O$，充分反应后达到平衡。已知常压下，$C_2H_5Br$和$C_2H_5OH$的沸点分别为38.4℃和78.5℃。下列有关叙述错误的是（　　）

A.加入NaOH，可增大乙醇的物质的量

B.增大HBr浓度，有利于生成C_2H_5Br

C.若反应物增大至2 mol，则两种反应物平衡转化率之比不变

D.若起始温度提高至60℃，可缩短反应达到平衡的时间

3.（双选）下列说法正确的是（　　　）

A. [2022·全国甲卷]检验乙醇中是否含有水。向乙醇中加入一小粒金属钠，产生无色气体，说明乙醇中含有水

B. [2021·浙江]探究乙醇消去反应的产物。取 4mL 乙醇，加入 12mL 浓硫酸、少量沸石，迅速升温至 140℃，将产生的气体通入 2mL 溴水中，若溴水褪色，则乙醇消去反应的产物为乙烯

C. [2022·浙江]乙醇与 $Cu(OH)_2$ 酸性溶液 $3CH_3CH_2OH + Cr_2O_7^{2-} + 16H^+$
$\longrightarrow 3CH_3COOH + 4Cr^{3+} + 11H_2O$

D. [2021·湖南]工业酒精制备无水乙醇，工业酒精中加生石灰，蒸馏

学生自我评价表			
知识清单	评价内容	分值	自测得分
乙醇与钠反应	对比与水反应,我能否知道乙醇分子结构特点?	3	
水与钠反应	我是否知道水与钠反应的实验现象?	2	
乙醇催化氧化	我是否掌握乙醇催化氧化原理?	3	
乙酸的化学性质	我能否正确书写乙酸与金属、金属氧化物、碱、盐的反应方程式?	2	
总分		10	
对本课时内容学习的自评:			

3. 基本营养物质

本单元实验包括必修 2 第七章：葡萄糖与新制氢氧化铜反应、葡萄糖的银镜反应、淀粉与碘反应、蛋白质的变性；选择性必修 3 第三章：乙醛与新制氢氧化铜反应、乙醛的银镜反应；选择性必修 3 第四章：葡萄糖与新制氢氧化铜反应、葡萄糖的银镜反应。

【实验目的】

1. 了解糖类、蛋白质的特征反应，培养运用理论知识解决实际问题的能力。

2. 关注营养物质，激发对物质组成、结构、性质等知识的学习热情，进一步理解化学学科的特点，深化对物质世界的认知。

3. 通过实验，培养观察能力、实验设计能力以及勇于探究的科学精神。

3-1 必修2，P84【实验7-7】；选择性必修3，P103【实验4-1】；选择性必修3，P69【实验3-8】葡萄糖（乙醛）与新制氢氧化铜反应

实验名称	葡萄糖(乙醛)与新制氢氧化铜反应		
实验用品	10%葡萄糖溶液、乙醛、10%的NaOH溶液、5%的CuSO₄溶液、试管、胶头滴管、烧杯、量筒、酒精灯、铁架台、试管夹、试管架、火柴		
实验操作	实验现象	实验结论	
(1)在试管中加入2ml 10%的NaOH溶液,滴加5滴5% CuSO₄溶液,制备新制氢氧化铜,并观察现象。			
(2)新制备的新制氢氧化铜溶液中加入1ml 10%葡萄糖溶液(或0.5ml乙醛),振荡,用试管夹夹住试管在酒精灯上加热,并观察现象。			

【反思与讨论】

1.请写出乙醛反应生成砖红色沉淀的化学方程式。

2.为什么氢氧化铜要现用现配？

3-2 必修2，P84【实验7-7】；选择性必修3，P103【实验4-1】；选择性必修3，P69【实验3-7】葡萄糖（乙醛）的银镜反应

实验名称	葡萄糖(乙醛)的银镜反应		
实验用品	10%葡萄糖溶液、乙醛、2%AgNO₃溶液、2%氨水、试管、试管架、胶头滴管、烧杯、量筒、酒精灯、铁架台、陶土网、三脚架、火柴		
实验操作	实验现象	实验结论	
(1)准备水浴加热装置,将装水的烧杯放在垫有陶土网的三脚架上,并用酒精灯对其进行加热。(2)制备银氨溶液,向洁净的试管中加入1ml 2% AgNO₃溶液,边振荡边逐滴加入2%氨水,直至初始沉淀完全溶解。			
(3)向新制的银氨溶液中加入1ml 10%葡萄糖溶液(或5滴乙醛),振荡后置于水浴中加热,并观察现象。			

【反思与讨论】

1. 请写出葡萄糖反应生成银镜的化学方程式。

2. 为什么要采用水浴加热？是否可以直接利用酒精灯进行加热？

【实验疑惑】

1. 在银镜反应的实验操作中，难以成功的原因可能有哪些？

2. 通过对比乙醛和葡萄糖的银镜反应实验，发现葡萄糖更易形成银镜，其原因是什么？

【实验创新】（孙亮，张静. PTDVMA 实验教学模式在"银镜反应" 实验改进中的应用［J］.考试周刊，2023(25)：135-137.）

摇晃振荡进行银镜反应

反应容器	反应试剂及用量	操作方式	成镜效果
洁净试管	2 mL 2%的硝酸银溶液，约24滴 2%的稀氨水，4滴 20%的 NaOH 溶液，6滴 40%葡萄糖溶液	摇晃振荡	生成非常光亮且面积很宽的银镜

实验结果显示，通过摇晃振荡能迅速地生成银镜，并且银镜的面积更宽。为了提高反应效率，选择了接触面积更大的玻璃瓶作为反应容器。

3-3　必修2，P84【实验7-8】淀粉与碘反应

实验名称	淀粉与碘反应		
实验用品	表面皿、碘酒、土豆、淀粉、2mol/L H_2SO_4溶液、NaOH溶液、新制备的$Cu(OH)_2$、酒精灯、铁架台、试管、试管夹、胶头滴管、试管架、火柴		
实验操作	实验现象	实验结论	
(1)将切好的一片土豆放在表面皿上，将2滴碘酒滴到土豆上，观察并记录现象。			
(2)在试管中加入 0.5g 淀粉和4ml 2mol/L H_2SO_4溶液，进行加热。待溶液冷却后，加入 NaOH 溶液调整至制碱性，再加入少量新制备的$Cu(OH)_2$，加热，并观察现象。		观察到特定的现象，表明淀粉已发生水解，生成了葡萄糖。	

【反思与讨论】

1. 在步骤（2）中，为什么要加入NaOH溶液将溶液调整至碱性？

2. 能否向加入NaOH后的溶液中添加碘单质来检验淀粉是否已完全水解？请说明其原因。

3-4　必修2,P86【实验7-9】;选择性必修3,P116【实验4-4】【实验4-5】蛋白质的变性、显色

实验名称	蛋白质的变性、显色		
实验用品	醋酸铅溶液、硝酸银溶液、浓硝酸、乙醇、蒸馏水、鸡蛋清溶液、试管、试管夹、试管架、胶头滴管、酒精灯		
实验操作		实验现象	实验结论
(1)向盛有鸡蛋清溶液的试管中加入几滴醋酸铅(或硝酸银、乙醇)溶液,观察现象。再向试管中加入蒸馏水,观察现象。			
(2)向盛有鸡蛋清溶液的试管中加入几滴浓硝酸,加热,观察现象。再向试管中加入蒸馏水,观察现象。			
(3)在酒精灯的火焰上分别灼烧一小段头发丝和丝织品,小心地闻气味。			

【反思与讨论】

除了上述实验中的物质,还有哪些因素可以使蛋白质变性？

3-5　选择性必修3,P115【实验4-3】蛋白质的盐析

实验名称	蛋白质的盐析		
实验用品	$(NH_4)_2SO_4$溶液、鸡蛋清溶液、蒸馏水、试管、试管架、胶头滴管		
实验操作		实验现象	实验结论
在试管中加入2ml饱和$(NH_4)_2SO_4$溶液,向其中加入几滴鸡蛋清溶液,振荡,观察现象。再继续加入蒸馏水,振荡,观察现象。			

【反思与讨论】

蛋白质的盐析和变性有什么不同？

【问题与讨论】

医院在做胃透视时为什么要服用"钡餐"$BaSO_4$而不使用$BaCO_3$？

【必备知识】

糖类的组成与分类、葡萄糖的组成与结构、银镜反应、葡萄糖与新制氢氧化铜的反应、多糖的水解、蛋白质的盐析与变性、蛋白质的鉴别与检验。

盐析是可逆过程，可用于蛋白质的提纯。蛋白质的变性是在物理因素（加热、加压、搅拌、振荡、超声波、紫外线和放射性）和化学因素（强酸、强碱、重金属盐、乙醇、甲醛）影响下性质和生理功能发生改变，是不可逆的过程。含有苯环的蛋白质遇到浓硝酸会出现黄色，这一性质可用于蛋白质的分析检测。

【关键能力】

【基础】基本营养物质的基本概念

1. [2020·天津]下列说法错误的是（　　　）

A. 淀粉和纤维素均可水解产生葡萄糖

B. 油脂的水解反应可用于生产甘油

C. 氨基酸是组成蛋白质的基本结构单元

D. 淀粉、纤维素和油脂均是天然高分子

【综合】基本营养物质的知识综合运用

2. [2021·山东]某同学进行蔗糖水解实验，并检验产物中的醛基，操作如下：向试管Ⅰ中加入1mL20%蔗糖溶液，加入3滴稀硫酸，水浴加热5分钟。打开盛有10%NaOH溶液的试剂瓶，将玻璃瓶塞倒放，取1mL溶液加入试管Ⅱ，盖紧瓶塞；向试管Ⅱ中加入5滴2%$CuSO_4$溶液。将试管Ⅱ中反应液加入试管Ⅰ，用酒精灯加热试管Ⅰ并观察现象。实验中存在的错误有几处？（　　　）

A. 1　　　　　　B. 2　　　　　　C. 3　　　　　　D. 4

3. 下列说法正确的是（　　　）

A. [2022·浙江]苯酚、乙醇、硫酸铜、氢氧化钠和硫酸铵均能使蛋白质变性

B. [2019·浙江]根据燃烧产生的气味，可区分棉纤维和蛋白质纤维

C. [2018·浙江]用淀粉-KI试纸鉴别碘水和$FeCl_3$溶液

D.[2020·江苏]向淀粉溶液中加适量20%H_2SO_4溶液，加热，冷却后加NaOH溶液至中性，再滴加少量碘水，溶液变蓝，说明淀粉未水解

4. 下列说法不正确的是（　　）

A.[2022·浙江]福尔马林能使蛋白质变性，可用于浸制动物标本

B.[2020·浙江]用新制氢氧化铜悬浊液（必要时可加热）能鉴别甲酸、乙醇、乙醛

C.[2017·浙江]向鸡蛋清的溶液中加入饱和硫酸钠溶液产生沉淀，加水后沉淀可溶解

D.[2022·全国乙卷]向蔗糖溶液中滴加稀硫酸，水浴加热，加入新制的$Cu(OH)_2$悬浊液，无砖红色沉淀，说明蔗糖未发生水解

5.[2020·浙江]下列说法不正确的是（　　）

A. 通过X射线衍射可测定青蒿素晶体的结构

B. 利用盐析的方法可将蛋白质从溶液中分离

C. 苯酚与甲醛通过加聚反应得到酚醛树脂

D. 可用新制氢氧化铜悬浊液鉴别苯、乙醛和醋酸溶液

6. [2019·浙江节选]以煤、天然气和生物质为原料制取有机化合物日益受到重视。E是两种含有碳碳双键的酯的混合物。相关物质的转化关系如下（含有相同官能团的有机物通常具有相似的化学性质）：

请回答：

（3）检验B中官能团的实验方法_____。

学生自我评价表			
知识清单	评价内容	分值	自测得分
基本营养物质	我是否知道基本营养物质包括哪些？	2	
检验淀粉	我是否知道检验淀粉的方法是什么？	2	
检验醛基	我是否知道检验醛基的方法有哪些？	3	
检验蛋白质	我是否知道检验蛋白质的方法有哪些？	3	
总分		10	
对本课时内容学习的自评：			

第11实验单元 有机化学基础实验

本单元实验包括选择性必修3中除乙醇、乙醛、乙酸、蛋白质以外的实验。

1. 选择性必修3，P37【探究实验】乙炔的化学性质

实验名称	乙炔的化学性质		
实验用品	电石、饱和食盐水、硫酸铜溶液、酸性高锰酸钾溶液、溴的四氯化碳溶液		
实验操作		实验现象	实验结论
(1)在烧瓶中滴入饱和食盐水,并加入电石。 (2)将生成的乙炔气体通入硫酸铜溶液中。 (3)分别将纯净的乙炔通入试管中的高锰酸钾溶液和溴的四氯化碳溶液中。 (4)点燃纯净的乙炔气体。			

2. 选择性必修3，P44【实验2-2】苯和甲苯的性质比较

实验名称	苯和甲苯的性质比较		
实验用品	苯、甲苯、酸性高锰酸钾溶液、溴水		
实验操作		实验现象	实验结论
(1)分别向两支试管中各加入2mL苯,再向另外两支试管中各加入2mL甲苯。 (2)向盛有甲苯和苯的试管中分别滴加溴水,静置后振荡,并再次静置。 (3)向盛有甲苯和苯的试管中分别滴加酸性高锰酸钾溶液,静置后振荡,并再次静置。			

3.选择性必修3，P55【实验3-1】　P56【探究实验】卤代烃和NaOH溶液反应

实验名称	1-溴丁烷的化学性质
实验用品	溴乙烷、5% NaOH溶液、稀硝酸、AgNO₃溶液、1-溴丁烷、NaOH固体、无水乙醇、酸性高锰酸钾溶液。

实验操作	实验现象	实验结论
(1) 在试管中滴入10~15滴溴乙烷，加入5%NaOH溶液，振荡、加热后静置。待溶液分层，取上层水溶液加入稀硝酸和AgNO₃溶液。		
(2) 在圆底烧瓶中混合NaOH、无水乙醇和1-溴丁烷和几片碎瓷片，微热。将产生的气体依次通入盛水和酸性高锰酸钾溶液的试管中。		

4.选择性必修3，P61【实验3-2】乙醇的消去反应

实验名称	乙醇的消去反应
实验用品	乙醇、浓硫酸、NaOH溶液、酸性高锰酸钾溶液、溴的四氯化碳溶液

实验操作	实验现象	实验结论
(1)将浓硫酸和乙醇按体积比3:1混合,冷却后加入长颈圆底烧瓶中,并加入碎瓷片以防暴沸。 (2)加热混合液,使其迅速升温至170℃并保持稳定。将生成的气体首先通入NaOH溶液中以去除杂质,随后依次通入溴的四氯化碳溶液和高锰酸钾的酸性溶液中。		

5. 选择性必修3，P64【实验3-4】【实验3-5】苯酚的性质

实验名称	苯酚的性质		
实验用品	苯酚晶体、5%的 NaOH 溶液、稀盐酸、饱和溴水、蒸馏水		
实验操作		实验现象	实验结论
(1)向含有0.3g苯酚晶体的试管内加入2mL蒸馏水,并振荡试管。 (2)逐渐向试管中加入5%的 NaOH 溶液,并同时振荡试管。 (3)继续向试管中加入稀盐酸。 (4)向试管中加入0.1g苯酚和3mL 水,振荡以得到苯酚溶液。接着,逐渐滴加饱和溴水,并边加边振荡,仔细观察实验现象。			

6. 选择性必修3，P69【实验3-7】【实验3-8】乙醛的性质

实验名称	乙醛的性质		
实验用品	乙醛、2%的 $AgNO_3$、2%的氨水、10%NaOH 溶液、5%的 $CuSO_4$溶液		
实验操作		实验现象	实验结论
(1)在清洁的试管中加入 1mL2%的 $AgNO_3$ 溶液,然后边振荡边逐滴加入2%的氨水,直至最初产生的沉淀溶解,从而制得银氨溶液。接着,滴入3滴乙醛,振荡试管后将其置于热水浴中进行温热。			
(2)在试管中加入2mL 10%的 NaOH 溶液,再加入4～5滴5%的 $CuSO_4$溶液,以得到新制的 $Cu(OH)_2$。振荡后加入0.5mL乙醛溶液,并进行加热。			

7. 选择性必修3，P75【探究实验】验证乙酸、碳酸、苯酚的酸性

实验名称	验证乙酸、碳酸、苯酚的酸性		
实验用品	醋酸、大理石、碳酸氢钠溶液、苯酚钠溶液、碳酸钠溶液		
实验操作		实验现象	实验结论
根据教材图示(略)连接好实验装置,装入所需药品。打开分液漏斗的活塞,开始反应。			

8. 选择性必修3，P77 乙酸乙酯在中性、酸性和碱性条件下的水解

实验名称	乙酸乙酯在中性、酸性和碱性条件下的水解		
实验用品	烧杯、蒸馏水、酒精灯、三脚架、陶土网、火柴、乙酸乙酯、稀硫酸、稀氢氧化钠溶液、蒸馏水		
实验操作		实验现象	实验结论
(1)在三支试管中各加入1mL乙酸乙酯,然后向第一支试管中加入5mL蒸馏水,向第二支试管中加入5mL 0.2mol/L硫酸溶液,向第三支试管中加入5mL 0.2mol/L的氢氧化钠溶液,振荡均匀,把三支试管同时放在70℃的水浴中加热约5min。观察乙酸乙酯层的厚度并闻其气味。			
(2)向A、B两支试管中分别加入5mL 0.2mol/L氢氧化钠溶液,随后各加入1mL乙酸乙酯,试管A放入40℃的水浴中,将试管B放在80℃的水浴中加热。记录酯层消失所需的时间。			

【反思与讨论】

根据化学平衡移动原理，阐释乙酸乙酯在碱性条件下水解反应为什么不可逆。

9. 选择性必修3，P130 淀粉的检验及淀粉酸性环境水解产物的检验

实验名称	淀粉的检验及淀粉酸性环境水解产物的检验		
实验用品	淀粉、碘液、10% H_2SO_4溶液、新制 $Cu(OH)_2$溶液、10% NaOH溶液、试管、烧杯、酒精灯、胶头滴管		
实验操作		实验现象	实验结论
(1)取少量淀粉置于试管中,加水溶解,之后滴加几滴碘液。			
(2)取少量淀粉,观察其状态,加入试管后加水振荡,再加热至煮沸,观察溶解情况。			
(3)按上述实验方法制备 $Cu(OH)_2$,随后加入2 mL淀粉溶液,加热,观察并记录现象。			
(4)在另一支试管中加入1 mL淀粉溶液和2 mL 10% H_2SO_4溶液,加热至煮沸。之后将溶液分成两份,一份加入10% NaOH溶液调至碱性,再加入新制备的 $Cu(OH)_2$,加热观察现象;另一份则加入碘液进行观察。			

10. 选择性必修3，P108【实验4-2】纤维素水解及其产物的检验

实验名称	纤维素水解及其产物的检验		
实验用品	脱脂棉、浓硫酸、NaOH 溶液、5% CuSO₄溶液、试管、胶头滴管		
实验操作		实验现象	实验结论
在试管中放入少量脱脂棉，加入几滴蒸馏水和浓硫酸，用玻璃棒搅拌成糊状。之后加入过量 NaOH 溶液中和至碱性，再滴入 3 滴 5% $CuSO_4$ 溶液，加热，观察实验现象并进行解释。			

【反思与讨论】

淀粉和纤维素水解的条件是什么？其水解产物的检验应注意哪些事项？在检验淀粉是否完全水解时，应特别关注什么？

11. 选择性必修3，P140【实验5-1】酚醛树脂的合成

实验操作	实验现象	实验结论
1. 在大试管中加入2g苯酚、3mL质量分数为40%的甲醛溶液和3滴浓盐酸，水浴加热。待反应物接近沸腾时，取出试管用玻璃棒搅拌，观察产物的颜色和状态。		
2. 另取试管，加入2g苯酚、3mL质量分数为40%的甲醛溶液，水浴加热片刻后振荡，再加入0.5mL浓氨水并继续水浴加热，与前一试管比较观察。		

【反思与讨论】

常见的有机高分子合成方法有哪些？它们各自具备什么特点？

【必备知识】

1. 卤代烃的水解反应和消去反应条件

反应类型	取代反应	消去反应
反应物	CH_3CH_2Br	$BrCH_2CH_2CH_2CH_3$
反应条件	NaOH水溶液、加热	NaOH乙醇溶液,加热
生成物	CH_3CH_2OH、NaBr	$CH_2{=}CHCH_2CH_3$、NaBr、H_2O
结论	卤代烃在不同条件下可发生不同类型的反应。	

2. 糖类还原性的检验,本质上是检验糖分子中是否含有醛基。不论用银氨溶液还是新制氢氧化铜进行醛基检验,都应在碱性和加热的条件下进行。葡萄糖与果糖、蔗糖与麦芽糖互为同分异构体,在书写方程式时应注意区别。同时,淀粉和纤维素也需用文字明确区别。

12. 选择性必修3,P99【实验活动2】和P103【实验4-1】 几种常见的官能团的检验

12-1　碳碳双键的检验

实验操作	实验现象	实验结论
1.向盛有少量1-己烯的试管中滴加饱和溴水,观察并记录现象。		
2.向盛有少量1-己烯的试管中滴加酸性高锰酸钾溶液,观察并记录现象。		

12-2　卤代烃的检验

实验操作	实验现象	实验结论
向试管中加入几滴1-溴丁烷,再加入2mL 5%的NaOH溶液,振荡后加热。反应一段时间后停止加热并静置。小心取出数滴水层液体于另一试管中,加入稀硝酸酸化后再加入几滴2%的$AgNO_3$溶液,观察并记录现象。		

12-3　酚羟基的检验

实验操作	实验现象	实验结论
1.向盛有少量苯酚稀溶液的试管里滴加饱和溴水,观察并记录现象。		
2.向盛有少量苯酚稀溶液的试管里滴加 $FeCl_3$ 溶液,观察并记录现象。		

12-4　醛基的检验

实验操作	实验现象	实验结论
向试管里加入2mL10%NaOH溶液,滴加几滴5%的 $CuSO_4$ 溶液,振荡。随后加入0.5mL乙醛溶液,加热,观察并记录现象。		

12-5　阿司匹林片有效成分中羧基和酯基的检验

实验操作	实验现象	实验结论
1.将阿司匹林片研碎,放入适量水中振荡后静置,取上层清液备用。		
2.取两支试管,各加入2mL清液。向其中一试管加入2滴石蕊溶液,观察颜色变化。		
3.向另一支试管中加2滴稀硫酸,加热后加几滴 $NaHCO_3$ 溶液并振荡。接着滴加几滴 $FeCl_3$ 溶液并振荡,观察反应现象。		

12-6　葡萄糖中官能团的检验

实验操作	实验现象	实验结论
1.在洁净试管中配制约2mL银氨溶液,加入1mL 10%葡萄糖溶液并振荡,随后在水浴中加热,观察反应现象。		
2.另取一试管,加入2mL 10%的NaOH溶液和5滴5% $CuSO_4$ 溶液,再加入2mL 10%葡萄糖溶液并加热,观察实验现象的变化。		

【反思与讨论】

1. 请设计实验方案以区分乙醇、1-己烯、苯和四氯化碳。

2. 请提出实验方法，用于区分 1-丙醇、2-氯丙烷、丙醛和苯酚溶液。

【必备知识】

在有机化合物官能团的检验中，需要注意的以下几点：

1. 进行官能团检验时，应关注实验所需的环境条件，例如醛基的检测必须在碱性环境中进行。

2. 当物质含有多种官能团时，检验过程中需要考虑官能团的相互影响及检验的先后顺序。例如，若物质同时存在碳碳双键和醛基，使用酸性高锰酸钾溶液进行鉴别可能导致两种官能团同时被氧化，从而影响结果的准确性。

【关键能力】

1. [2020·海南]下列实验操作或方法，目的可实现的是

选项	操作或方法	实验目的
A	向未知弱酸性试液中滴加含有 SCN- 的溶液	确证试液中 Fe^{2+} 存在
B	等体积 $0.1\ mol \cdot L^{-1} Ag^+$ 和 $[Ag(NH_3)_2]^+$ 溶液分别与大量 $1\ mol \cdot L^{-1}$ 葡萄糖碱性溶液形成银镜	判断多步过程中，分步反应速率与浓度的关系
C	稀 H_2SO_4 酸化 $n(KBrO_3):n(KBr)= 1:5$ 的混合液替代溴水	降低液溴的贮存与使用风险
D	向 $0.1\ mol \cdot L^{-1} Na_2S_2O_3$ 溶液中缓慢滴加 $0.2\ mol \cdot L^{-1}$ 盐酸	由浑浊情况测定单质硫的溶解度

13.乙酸乙酯的制备与性质

必修 2，P80【实验 7-6】P96【实验活动 9】乙醇、乙酸的主要性质；选择性必修 3，P98【实验活动 1】乙酸乙酯的制备

【实验目的】

1. 学习制备乙酸乙酯的方法。

2. 加深对乙酸主要性质及酯化反应的认识。

3. 提升实验设计能力，体会实验设计在科学探究中的应用。

【实验用品】

试管、试管夹、烧杯、量筒、胶头滴管、玻璃导管、乳胶管、橡胶塞、铁架台、酒精灯、火柴、碎瓷片。

乙醇、乙酸、浓硫酸、饱和 Na_2CO_3 溶液。

【实验安全】

温馨提示：浓硫酸、乙酸易腐蚀皮肤，使用时注意防腐蚀。若实验时"不慎将浓硫酸沾到皮肤或衣服上"，新人教版初中教材第53页第1行原文中处理办法是"应立即用大量水冲洗，然后涂上3%～5%的碳酸氢钠溶液"（【答题模板】）。

实际操作中：如果浓硫酸较多，沾在皮肤上可以先用干布拭去，这里的"干布"，不仅指要干燥，而且要干净；这里的"拭"，不是指"擦"，而是理解为"抓"或"吸"，并且动作要迅速。如果在皮肤上用力"擦"，就会把浓硫酸擦到皮肤的毛孔内，甚至扩大浓硫酸的灼伤面积，对皮肤的伤害更大。紧接着要用大量的水冲洗，注意水量一定要多，对浓硫酸形成绝对的"优势"，才能把水合产生的热量全部带走，最后涂上3%～5%的碳酸氢钠溶液。（来源：《中学生数理化·教研版》2010年第04期。）

【实验步骤】

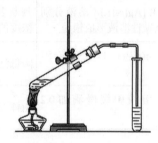

实验操作	实验现象	实验结论
(1)在一支试管中加入3 mL乙醇，然后边振荡试管边慢慢加入2 mL浓硫酸和2 mL乙酸，再加入几片碎瓷片。在另一支试管中加入3 mL饱和 Na_2CO_3 溶液，按上图连接好装置。	加入浓硫酸时_____。	浓硫酸溶于乙醇会放热。
(2)用小火加热试管里的混合物，将产生的蒸气经导管通到饱和 Na_2CO_3 溶液的上方约0.5 cm处，注意观察试管内的变化。	液体沸腾，导管中逐渐有_____液体流出。	在加热条件下，乙醇与乙酸发生反应，生成了一种不与水混溶且密度小于水的液体。

续表

实验操作	实验现象	实验结论
（3）反应进行一段时间后，取下盛有Na₂CO₃溶液的试管并停止加热。接着振荡该试管，然后静置。待溶液出现分层后，仔细观察上层的油状液体，并留意其气味。		乙酸乙酯是一种具有特殊香味的液体。

【反思与讨论】

1. 在该实验过程中，浓硫酸的作用是什么？饱和 Na_2CO_3 溶液又起到哪些作用？同时，解释盛有饱和 Na_2CO_3 溶液的试管内发生的变化及相关现象。

2. 乙醇、乙酸和浓硫酸的混合顺序是什么？为什么不能随意交换它们的混合顺序？为什么导管不能插入饱和 Na_2CO_3 溶液中？

3. 请写出实验过程中涉及的相关化学方程式。

4. 能否用 $NaOH$ 溶液替代 Na_2CO_3 溶液？为什么？

5. 如何将收集到的乙酸乙酯分离出来？其所需的主要玻璃仪器是什么？

【实验评价】

该实验为定性实验，其目的仅是检验生成物中有乙酸乙酯生成，因此强调操作过程中需使用小火加热。若操作不当，可能会导致副产物的生成。需要注意的是，按照教材所提供的实验装置，是无法精确控制反应温度的。

（资料来源：网络）

名称	结构简式	沸点/℃	密度/g/cm³	溶解度		
				水	乙醇	乙醚
乙酸	CH₃COOH	117.9	1.0429	∞	∞	∞
乙醇	CH₃CH₂OH	78.5	0.789	∞	∞	∞
乙酸乙酯	CH₃COOC₂H₅	77.06	0.9003	微溶	∞	∞
乙醚	C₂H₅OC₂H₅	34.51	0.71378	∞	∞	∞
乙烯	C₂H₄	-103.9	0.61	不溶	微溶	溶

　　酯化反应是一个典型的酸催化的可逆反应。为了使反应平衡向右移动，可以用过量的醇或羧酸，也可以把反应中生成的酯或水及时地蒸出或两者并用。

　　本实验通常可加入过量的乙醇和适量的浓硫酸，并将反应中生成的乙酸乙酯及时地蒸出。在实验时应注意控制好反应物的温度、滴加原料的速度和蒸出产品的速度，使反应能进行得比较完全。

主反应：

$$CH_3-\overset{O}{\overset{\|}{C}}-OH + C_2H_5OH \underset{H_2SO_4}{\overset{120-125℃}{\rightleftharpoons}} CH_3-\overset{O}{\overset{\|}{C}}-OC_2H_5 + H_2O$$

副反应：

$$2CH_3CH_2OH \xrightarrow[140℃]{浓H_2SO_4} CH_3CH_2OCH_2CH_3 + H_2O$$

$$CH_3CH_2OH \xrightarrow[170℃]{浓H_2SO_4} CH_2=CH_2 + H_2O$$

机理：乙醇与乙酸的酯化反应是按酸脱羟基醇脱氢的方式生成酯。

$$CH_3-\overset{O}{\overset{\|}{C}}-\boxed{OH+H}O^{18}-C_2H_5 \rightleftharpoons CH_3-\overset{O}{\overset{\|}{C}}-O^{18}-C_2H_5 + HO-H$$

$$R-\overset{O}{\overset{\|}{C}}-OH + H^+ \rightleftharpoons R-\overset{\overset{+}{O}H}{\underset{\overset{..}{H}O-R'}{C}}-OH \xrightarrow[加成]{slow} R-\overset{OH}{\underset{R'\overset{+}{O}H}{C}}-OH \rightleftharpoons$$

$$R-\overset{\overset{..}{O}H}{\underset{OR'}{\overset{+}{C}}}-\overset{+}{O}H_2 \xrightarrow[消除H_2O]{fast} R-\overset{\overset{+}{O}H}{C}-OR' \underset{-H^+}{\rightleftharpoons} R-\overset{O}{\overset{\|}{C}}-OR'$$

【创新或改进实验】

1. 实验装置图

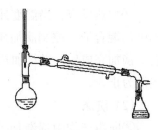

（1）滴加蒸出装置　　　（2）分液漏斗　　　（3）蒸馏装置（图片来源：网络）

2. 实验内容（精制乙酸乙酯）

在250ml三口烧瓶中，放入3ml乙醇。然后一边摇动，一边慢慢地加入3ml浓硫酸。在滴液漏斗中，装入剩下的20ml乙醇（共0.37mol）和14.3ml（0.25mol）冰醋酸的混合液。油浴加热烧瓶，保持油浴温度在140℃左右，这时反应混合物的温度为120℃左右。然后把滴液漏斗中的乙醇和醋酸的混合液慢慢地滴入蒸馏烧瓶中。调节加料的速度，使之和蒸出酯的速度大致相等，加料时间约需90min。这时，保持反应混合物的温度为120～125℃。滴加完毕后，继续加热约10min，直至不再有液体馏出为止。

反应完毕后，将饱和碳酸钠溶液很缓慢地加入馏出液中，直至无二氧化碳气体逸出。要小量分批地加入饱和碳酸钠溶液，并持续摇动接受器。随后，将混合液倒入漏斗中，静置后放出下层水液。利用石蕊试纸检测酯层，若仍显酸性，则需继续用饱和碳酸钠溶液洗涤，直至酯层不显酸性。接着，用等体积的饱和食盐水洗涤，再用等体积的饱和氯化钙溶液洗涤两次，然后放出下层废液。从分液漏斗上口将乙酸乙酯倒入干燥的小锥形瓶内，加入无水碳酸钾进行干燥，期间需间歇振荡锥形瓶，持续约30min。

通过长颈漏斗（漏斗上放置有折叠式滤纸）把干燥的粗乙酸乙酯滤入60ml蒸馏烧瓶中。装配好蒸馏装置后，在水浴上加热蒸馏，收集温度在74～80℃之间的馏分。

（1）粗乙酸乙酯的制备

①在干燥的100mL三颈烧瓶中加入8mL95%的乙醇，在冷水冷却下，边摇动边缓慢加入8mL浓硫酸，并加入沸石。在滴液漏斗中加入8mL 95%的乙醇

和8mL乙酸混合均匀。按照装置图组装好仪器，确保滴液漏斗的末端和温度计的水银球浸入液面以下，距离瓶底0.5～1cm。

②加热反应，当温度计读数升至110℃时，开始从滴液漏斗中滴加乙醇和乙酸的混合液（控制滴加速度为每分钟约30滴），并维持反应温度在120℃左右。滴加完成后，继续加热数分钟，直至反应液温度升至130℃，且不再有馏出液为止。

（2）洗涤

③向粗产物中逐渐加入饱和碳酸钠溶液，直至有机相的pH值达到中性。分离出水相后，用7mL饱和食盐水洗涤有机相，再用饱和氯化钙溶液洗涤两次，每次7mL。弃去水层，用无水硫酸钠干燥酯层。

洗涤：用饱和Na_2CO_3溶液洗涤至pH不显酸性（约使用10ml）；用饱和NaCl溶液洗涤（约使用7ml）；用饱和$CaCl_2$溶液洗涤（约使用7ml）。

④将干燥后的乙酸乙酯滤入25mL蒸馏瓶中，进行蒸馏操作，收集温度在73～78℃之间接馏分。称重后计算产率。

若选择一次性加入反应液混合物的方式，可参考以下装置进行实验。

（1）反应装置

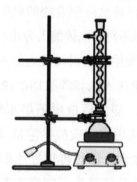

（2）蒸馏装置

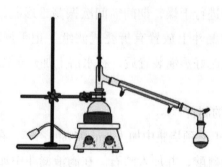

（3）实验步骤及流程图

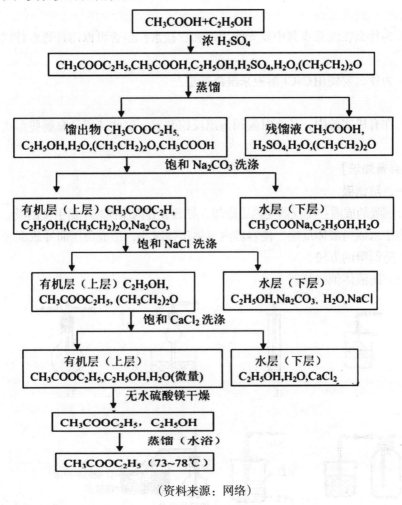

（资料来源：网络）

【实验疑惑】

1. 必修2和选择性必修3中两个实验所用的浓硫酸浓度不同，这会对实验结果产生哪些影响？

2. 为什么实验中要使用过量的醇？是否可以考虑使用过量的酸？

3. 实验中为什么要调节滴加混合液的速率（控制在每分钟约30滴)？

4. 在实验过程中，应怎样检验酯层是否已不显酸性？

5. 为什么在洗涤步骤中要先使用饱和食盐水？是否可以用普通水替代？

6. 为什么要使用$CaCl_2$溶液来洗涤酯层？

7. 在有机实验中，什么时候用蒸出反应装置？这些装置又有哪些形式？

【必备知识】

一、防倒吸

1. 倒吸的成因：①仪器受热后冷却，导致装置内压强减小而引发倒吸。②气体易溶于水或与液体反应，使容器内气体压强减小，形成负压而导致倒吸。

2. 防倒吸的方法

（1）防液体倒吸装置

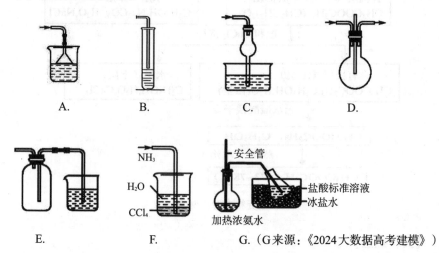

A. 　　　B. 　　　C. 　　　D.

E. 　　　F. 　　　G.（G来源：《2024大数据高考建模》）

①蓄液式：通常在溶于水装置的前端连接一个可储液的空容器。当发生倒吸时，倒吸的液体贮存其中，从而保护前端装置中的反应（如上图A、B、C、D所示）。其中，倒立漏斗式（如图A）是典型装置；安全瓶式（如图C、D、E所示）的特点是导管"短进短出"或"短进长出"，这样即使液体倒吸进装置，也不会进入反应装置。

②有机溶剂防倒吸：通过加入CCl_4与水分层，将易溶于水但难溶于有机溶剂的气体（例如NH_3、HCl或SO_2）通入CCl_4层中（如上图F所示）。

③安全管防倒吸：当烧瓶内气压降低导致倒吸时，空气将会通过安全管进入装置，从而平衡气压（如图G所示）。而当烧瓶内压强过大时，安全管内的液面会上升，这既起到了观察的作用，也起到了减压作用。

（2）防空气倒吸

在气体实验的最后一个装置中，常会连接一个干燥管（例如装有碱石灰的干燥管）。这时，需要考虑气体的"双向吸收"：一方面要考虑污染气体的尾气吸收；另一方面要考虑防止空气（包括O_2、H_2O、CO_2等）倒吸进入装置，以免影响生成物。

为了防止空气中的水蒸气和二氧化碳倒吸，通常会在尾端连接一个装有碱石灰的干燥管。例如，在制备易潮解的物质（如Al_2S_3、$FeCl_3$、$AlCl_3$、Mg_3N_2、Na_2O_2等）时就会采取这样的措施（如右图）。

二、冷凝回流与冷凝分离装置探讨

1. 在有机制备实验中，常会设计冷凝回流装置。其目的是冷凝回流，防止沸点较低的易挥发反应物蒸发损耗，从而提高原料的利用率。为实现这一目的，可在发生装置上安装长玻璃管或冷凝管（如图A、B、C所示）。此外，还可以利用化学平衡原理，通过尽量蒸出生成物来使平衡正向移动，这时可以使用蒸馏装置。

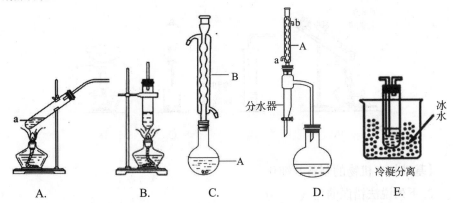

A.　　　　B.　　　　C.　　　　D.　　　　E.

2. 冷凝分离

根据气体物质的沸点差异，将混合气体进行冷凝分离的操作（如上图D所示）。冷凝温度的选择，应介于被冷凝物的沸点与待分离气体的沸点之间。

通过冰水浴，使蒸气中的物质冷凝为液态或固态，从而从气体中分离出来（见上图E所示）。冰水浴的作用有：减缓放热反应的速率，防止副反应的发生。防止某些不稳定物质的分解等，增加气体的溶解度，降低固体物质的溶解度，减

少收集产品的挥发，从而提高产率等。（资料来源：《2024大数据高考建模》）

【关键能力】

【教材汇总】本实验的制备装置属于液、液混合（加热）型（如图A所示）。

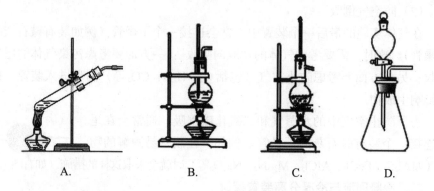

教材中制备气体或物质采用此类装置的还有：＿＿＿＿＿＿＿＿＿＿＿。

【基础】实验基本操作

1.（全国卷Ⅰ·9）在生成和纯化乙酸乙酯的实验过程中，下列操作未涉及的是（　　）

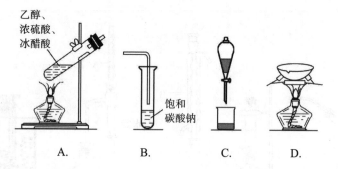

【基础】有机物的制备及纯化

2.下列说法错误的是（　　）

A.[2020·浙江]乙酸乙酯中混有的乙酸，可加入足量的饱和Na_2CO_3溶液，经分液除去。

B.[2019·上海]分离乙酸乙酯（杂质为乙醇）用碳酸钠溶液，分液。

C.[2019·北京卷改编]探究草酸（$H_2C_2O_4$）性质，进行如下实验：与C_2H_5OH和浓硫酸混合加热后产生有香味物质，由实验所得草酸性质所对应的方程式，$H_2C_2O_4$可发生酯化反应，$HOOCCOOH+2C_2H_5OH \underset{\triangle}{\overset{浓硫酸}{\rightleftharpoons}} C_2H_5OOC-$

COOC$_2$H$_5$+2H$_2$O。

D.科学家研究合成乙酸乙酯的新方法：$2C_2H_5OH(g) \underset{\triangle}{\overset{催化剂}{\rightleftharpoons}} CH_3COOC_2H_5(g)$ +2H$_2$(g)，该反应属于加成反应。

3.（海南高考）实验室常用乙酸与过量的乙醇在浓硫酸催化下合成乙酸乙酯。下列说法正确的是（　　）

A.该反应的类型为加成反应

B.乙酸乙酯的同分异构体共有三种

C.可用饱和的碳酸氢钠溶液鉴定体系中是否有未反应的乙酸。

D.该反应为可逆反应，加大乙醇的量可提高乙酸的转化率。

【综合】有机物的制备及纯化

4.（全国卷·节选）乙酸异戊酯是组成蜜蜂信息素的成分之一，具有香蕉的香味，实验室制备乙酸异戊酯的反应、装置示意图和有关数据如下：

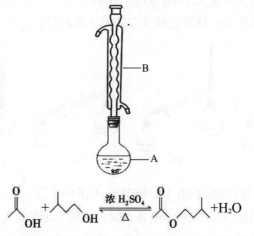

	相对分子质量	密度/(g·cm^{-3})	沸点/℃	水中溶解性
异戊醇	88	0.812 3	131	微溶
乙酸	60	1.049 2	118	溶
乙酸异戊酯	130	0.867 0	142	难溶

实验步骤：

在A中加入4.4 g异戊醇、6.0 g乙酸、数滴浓硫酸和2~3片碎瓷片，开始缓慢加热A，回流50 min。反应液冷至室温后倒入分液漏斗中，分别用少量水、饱和碳酸氢钠溶液和水洗涤，分出的产物加入少量无水MgSO$_4$固体，静置片刻，过滤除去 $MgSO_4$ 固体，进行蒸馏纯化，收集 140～143℃馏分，得乙酸异戊酯 3.9 g。回答下列问题：

（1）仪器B的名称是：_____。

（2）在洗涤操作中，第一次水洗的主要目的是：_____，
第二次水洗的主要目的是：_____。

（3）在洗涤、分液操作中，应充分振荡，然后静置，待分层后_____（填标号）。

a. 直接将乙酸异戊酯从分液漏斗的上口倒出。

b. 直接将乙酸异戊酯从分液漏斗的下口放出。

c. 先将水层从分液漏斗的下口放出，再将乙酸异戊酯从下口放出。

d. 先将水层从分液漏斗的下口放出，再将乙酸异戊酯从上口倒出。

（4）本实验中加入过量乙酸的目的是：_____。

（5）实验中加入少量无水 $MgSO_4$ 的目的是：_____。

（6）在蒸馏操作中，仪器选择及安装都正确的是：_____（填标号）。

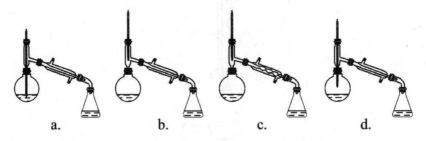

a.　　　　　b.　　　　　c.　　　　　d.

5. [2019·江苏]丙炔酸甲酯（CH≡C—COOH）是一种重要的有机化工原料，沸点为 103～105 ℃。实验室制备少量丙炔酸甲酯的反应为

$$CH{\equiv}C{-}COOH + CH_3OH \xrightarrow[\triangle]{浓H_2SO_4} CH{\equiv}C{-}COOCH_3 + H_2O$$

实验步骤如下：

步骤1：在反应瓶中，加入 14 g 丙炔酸、50 mL 甲醇和 2 mL 浓硫酸，搅拌，加热回流一段时间。

步骤2：蒸出过量的甲醇（装置见下图）。

步骤3：反应液冷却后，依次用饱和 NaCl 溶液、5% Na_2CO_3 溶液、水洗涤。分离出有机相。

步骤4：有机相经无水 Na_2SO_4 干燥、过滤、蒸馏，得丙炔酸甲酯。

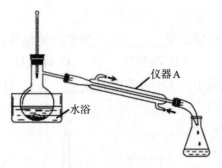

（1）步骤1中，加入过量甲醇的目的是：_____。

（2）步骤2中，上图所示的装置中仪器A的名称是：_____；蒸馏烧瓶中加入碎瓷片的目的是：_____。

（3）步骤3中，用5% Na_2CO_3 溶液洗涤，主要除去的物质是_____；分离出有机相的操作名称为：_____。

（4）步骤4中，蒸馏时不能用水浴加热的原因是：_____。

6. [2019·全国卷Ⅲ·节选]乙酰水杨酸（阿司匹林）是目前常用药物之一。实验室通过水杨酸进行乙酰化制备阿司匹林的一种方法如下：

$$\underset{\text{水杨酸}}{\text{COOH} \atop \text{OH}} + \underset{\text{醋酸酐}}{(CH_3CO)_2O} \underset{\triangle}{\overset{浓H_2SO_4}{\rightleftharpoons}} \underset{\text{乙酰水杨酸}}{\text{COOH} \atop \text{OCOCH}_3} + CH_3COOH$$

选项	水杨酸	醋酸酐	乙酰水杨酸
熔点/℃	157～159	−72～−74	135～138
相对密度/(g·cm⁻³)	1.44	1.10	1.35
相对分子质量	138	102	180

实验过程：在100 mL锥形瓶中加入水杨酸6.9 g及醋酸酐10 mL，充分摇动使固体完全溶解。缓慢滴加0.5 mL浓硫酸后加热，维持瓶内温度在70 ℃左右，充分反应。稍冷后进行如下操作：

①在不断搅拌下将反应后的混合物倒入100 mL冷水中，析出固体，过滤。

②所得结晶粗品加入50 mL饱和碳酸氢钠溶液，溶解、过滤。

③滤液用浓盐酸酸化后冷却、过滤得固体。

④固体经纯化得白色的乙酰水杨酸晶体5.4 g。

回答下列问题：

（1）该合成反应中应采用_____加热（填标号）。

A. 热水浴 　　　　　B. 酒精灯 　　　　C. 煤气灯 　　　　D. 电炉

（2）下列玻璃仪器中，①中需使用的有_____（填标号），不需使用的_____（填名称）。

A. 　　　　　　　　B. 　　　　　　　C. 　　　　　　　D.

（3）①中需使用冷水，目的是：_____。

（4）②中饱和碳酸氢钠的作用是：_____，以便过滤除去难溶杂质。

（5）④采用的纯化方法为：_____。

学生自我评价表			
知识清单	评价内容	分值	自测得分
化学方程式	我是否知道制备乙酸乙酯的化学方程式？	2	
试剂加入顺序	我是否知道加入试剂顺序？	2	
实验成功原因	我是否知道碳实验成功的原因？	3	
区分冷凝管的使用	我能否区分两种冷凝管的使用情况？	3	
总分		10	
对本课时内容学习的自评：			

第12实验单元　选择性必修1　水溶液中的离子反应与平衡

1. P58　【实验3-1】盐酸与醋酸酸性强弱的比较

实验名称	盐酸与醋酸酸性强弱的比较
实验用品	0.1 mol·L⁻¹的盐酸、0.1 mol·L⁻¹的醋酸、镁条、pH试纸、玻璃片、100mL烧杯、导线、电源(电压6V)、小灯泡、电极、洗瓶(内装蒸馏水)、滤纸、砂纸

操作步骤
(1)分别取少量浓度均为$0.1\ mol·L^{-1}$的盐酸和醋酸溶液,点在pH试纸中央,比较它们pH的大小。
(2)分别取50mL浓度均为$0.1\ mol·L^{-1}$的盐酸和醋酸溶液于两个烧杯中,先测$0.1\ mol·L^{-1}$盐酸的导电能力;然后冲洗电极,用滤纸吸干,再测$0.1\ mol·L^{-1}$的醋酸溶液的导电能力。
(3)分别取3mL浓度均为$0.1\ mol·L^{-1}$的盐酸和醋酸溶液于两试管中,加入用砂纸打磨好的等量镁条。

实验记录		
酸	$0.1\ mol·L^{-1}$盐酸	$0.1\ mol·L^{-1}$醋酸
pH		
导电能力		
与镁条反应		
实验结论		

【反思与讨论】

1. 常温下,浓度均为$0.1\ mol·L^{-1}$的盐酸和醋酸溶液中,$c(H^+)$相同吗? 你能根据二者的pH判断其电离程度吗?

2. 电解质溶液的导电能力与什么有关? 为什么同浓度的醋酸溶液的导电能力比盐酸的弱?

3. 等量的镁与同等浓度的盐酸和醋酸反应的速率不相同,说明了两种溶液中哪种离子的浓度不同?

2. P61【实验 3-2】比较弱酸的相对强弱

实验名称	比较弱酸的相对强弱		
实验目的	比较 CH_3COOH 与 H_2CO_3 的酸性强弱及电离常数的大小		
实验用品	1 mol·L^{-1} 醋酸、1 mol·L^{-1} Na$_2$CO$_3$ 溶液、试管、胶头滴管		
操作步骤		**观察现象**	**实验结论**
向盛有 2 mL 1 mol·L^{-1} 醋酸的试管中滴加 1 mol·L^{-1} Na$_2$CO$_3$ 溶液。			

【反思与讨论】

写出实验中所涉及化学反应的离子方程式。

【实验疑惑】

1. 向饱和 H_3BO_3 溶液中滴加 Na_2CO_3 溶液无明显现象，试比较 H_2CO_3、H_3BO_3 和 H_2CO_3 酸性的相对强弱，以及其电离常数的大小关系。

2. 通过上述实验，你得出的实验结论是什么？

【必备知识】

1. 电离平衡的影响因素：（1）内因；（2）外因。

2. 电离常数的意义。

【关键能力】

1. [2022·全国乙卷]常温下，一元酸 HA 的 $K_a(HA) = 1.0 \times 10^{-3}$。在某体系中，$H^+$ 与 A^- 离子不能穿过隔膜，未电离的 HA 可自由穿过该膜（如图所示）。

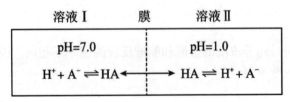

设溶液中 $c_总(HA)=c(HA)+c(A^-)$，当达到平衡时，下列叙述正确的是（　　）

A. 溶液 I 中 $c(H^+)=c(OH^-)+c(A^-)$

B. 溶液 II 中的 HA 的电离度 $\left(\dfrac{c(A^-)}{c_总(HA)}\right)$ 为 $\dfrac{1}{101}$

C. 溶液 I 和 II 中的 $c(HA)$ 不相等

D. 溶液 I 和 II 中的 $c_总(HA)$ 之比为 10^{-4}

2. [2021·浙江]某同学拟用pH计测定溶液pH以探究某酸HR是否为弱电解质。下列说法正确的是（　　）

A. 25℃时，若测得 $0.01\ mol\cdot L^{-1}$ NaR 溶液 pH=7，则HR是弱酸。

B. 25℃时，若测得 $0.01\ mol\cdot L^{-1}$ HR 溶液 pH>2 且 pH<7，则HR是弱酸。

C. 25℃时，若测得HR溶液 pH=a，取该溶液10.0mL，加蒸馏水稀释至100.0mL，测得 pH=b,b-a<1，则HR是弱酸。

D. 25℃时，若测得NaR溶液 pH=a，取该溶液10.0mL，升温至50℃，测得 pH=b，a>b，则HR是弱酸。

学生自我评价表			
知识清单	评价内容	分值	自测得分
实验基本操作	我能否正确使用pH试纸？	3	
反应原理	我能否正确写出实验中设计反应方程式？	3	
实验能力	我能否设计实验判断强弱电解质的方法？	4	
总分		10	

对本课时内容学习的自评：

3. P91【实验活动2】强酸与强碱的中和滴定

实验名称	强酸与强碱的中和滴定
实验用品	0.1000 mol/L 盐酸、20.00 mL 未知浓度的 NaOH 溶液、酚酞溶液、酸式滴定管、碱式滴定管、铁架台、滴定管夹、锥形瓶、容量瓶、胶头滴管、洗瓶
实验原理	$H^+ + OH^- = H_2O$

续表

实验步骤	
准备阶段	(1)滴定管
	①检漏:检查两滴定管是否_____、堵塞和活塞转动是否灵活。
	②洗涤润洗:在加入反应液之前,洁净的滴定管要用所要盛装的溶液润洗2~3次。
	③装液:分别将反应液加入到相应滴定管中,使液面高于"0"刻度。
	④调节起始读数:在滴定管下方放一烧杯,调节活塞,使滴定管尖嘴部分充满液体(酸式:快速放液;碱式:橡皮管向上翘起(赶气泡))。使液面处于某一刻度(一般为0~1mL),准确读取读数并记录。
	⑤放出液体:根据实验需要从滴定管中放出一定量的液体。
	(2)锥形瓶
	①洗涤:使用蒸馏水进行洗涤,避免用待测液润洗。
	②装液:将滴定管中预先量好的待测氢氧化钠溶液注入其中。
	③加指示剂:滴加_____酚酞溶液。
滴定阶段	左手_____,右手_____,边滴加盐酸,边持续顺时针方向摇动,同时眼睛密切注视锥形瓶内溶液的颜色变化;滴加速度应先快后慢,在接近终点时,应一滴一摇。
终点判断	当滴加至最后半滴时,溶液颜色由____色变为____色,若半分钟内不恢复为原来的颜色,说明已达到滴定终点,并记录下此时的终点读数。

数据处理

重复滴定2~3次,取有效数据的平均值进行后续计算。

实验次数	消耗HCl溶液的体积	待测NaOH溶液的体积
1		
2		
3		
平均值		

$c(NaOH)=$

【反思与讨论】

1. 如何有效去除酸式或碱式滴定管尖端的气泡?

2. 若将液面处于 0 mL 刻度处的 25 mL 酸式滴定管中的液体全部放出，其体积是否确定为 25 mL？

3. 在盛装标准液之前，滴定管是否需要用该标准液进行润洗？同样，锥形瓶在盛装待测液之前，是否需要用待测液进行润洗？

4. 在使用盐酸滴定氨水（氯化铵溶液呈酸性）时，应选用哪种指示剂？如何准确描述滴定终点？

【实验疑惑】

1. 酸碱恰好完全反应的点与实验中的滴定终点是否相同？

2. 酸碱中和滴定实验的两个关键点
（1）能否使用量筒来精确测定参与反应的酸碱溶液的体积？

（2）如何准确判断滴定终点（以 NaOH 溶液滴定未知浓度的盐酸为例）
①若选用酚酞作为指示剂，在滴入最后半滴 NaOH 溶液时，溶液的颜色由_____，且若半分钟内不褪色，说明达到滴定终点。
②若选用甲基橙作指示剂，在滴入最后半滴 NaOH 溶液时，溶液的颜色_____，且若半分钟内不再变回原色，说明达到滴定终点。

【关键能力】

1. 误差分析
（1）误差分析的依据

分析误差要根据计算式 $c_{待} = \dfrac{c_{标} \cdot V_{标}}{V_{待}}$ 来确定。由于标准液滴定待测液时，由于标准液浓度、待测液体积、标准液体积均为已知定值，因此_____的大小主要由标准液体积的测量精确度决定。

（2）常见的误差分析

可能情况	操作及读数	结果
仪器的洗涤或润洗	未用标准液润洗滴定管	
	未用待测液润洗移液管或所用的滴定管	
	用待测液润洗锥形瓶	
	洗涤后锥形瓶未干燥	
滴定时溅落液体	标准液滴在锥形瓶外一滴	
	待测液溅出锥形瓶外一滴	
	将移液管下部的残留液吹入锥形瓶	
尖嘴处气泡处理不当	滴定前有气泡,滴定后无气泡	
	滴定前无气泡,滴定后有气泡	
读数不正确	滴定前仰视,滴定后平视	
	滴定前平视,滴定后仰视	
	滴定前仰视,滴定后俯视	
	达终点后,滴定管尖嘴处悬一滴标准液	

2.易混易错点

（1）中和滴定实验中，滴定管必须润洗，锥形瓶_____润洗。

（2）强酸与强碱相互滴定时，既可选用甲基橙，也可选用酚酞作指示剂。

（3）石蕊颜色变化不明显，变色范围宽，一般_____作中和滴定的指示剂。

（4）强酸与弱碱相互滴定时，应选用_____作指示剂。强碱与弱酸相互滴定时，应选用_____作指示剂。

（5）当滴入最后半滴标准液，指示剂发生颜色变化，必须保证半分钟内不恢复原来的颜色，才是达到滴定终点。

1.[2023·浙江]下列说法正确的是 （   ）

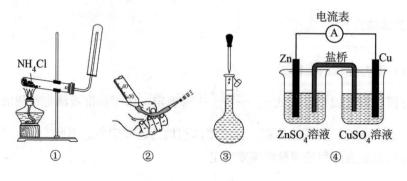

① ② ③ ④

A. 图①装置可用于制取并收集氨气

B. 图②操作可排出盛有 $KMnO_4$ 溶液滴定管尖嘴内的气泡

C. 图③操作俯视刻度线定容会导致所配溶液浓度偏大

D. 图④装置盐桥中阳离子向 $ZnSO_4$ 溶液中迁移

2. [2023·湖南]下列玻璃仪器在相应实验中选用不合理的是（　　）

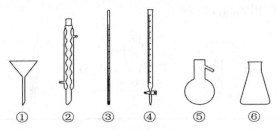

①　　②　　③　　④　　⑤　　⑥

A. 重结晶法提纯苯甲酸：①②③

B. 蒸馏法分离 CH_2Cl_2 和 CCl_4：③⑤⑥

C. 浓硫酸催化乙醇制备乙烯：③⑤

D. 酸碱滴定法测定 NaOH 溶液浓度：④⑥

3. [2023·湖南]常温下，用浓度为 $0.0200\ mol\cdot L^{-1}$ 的 NaOH 标准溶液滴定浓度均为 $0.0200\ mol\cdot L^{-1}$ 的 HCl 和 CH_3COOH 的混合溶液，滴定过程中溶液的 pH 随 η（$\eta = \dfrac{V_{(标准溶液)}}{V_{(待测溶液)}}$）的变化曲线如图所示。下列说法错误的是（　　）

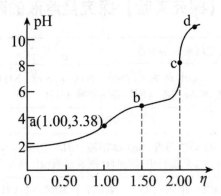

A. $K_a(CH_3COOH)$ 约为 $10^{-4.76}$

B. 点 a：$c(Na^+)=c(Cl^-)=c(CH_3COO^-)+c(CH_3COOH)$

C. 点 b：$c(CH_3COOH)<c(CH_3COO^-)$

D. 水的电离程度：$a<b<c<d$

4.[2023·广东]化学反应常伴随热效应。某些反应（如中和反应）的热量变化，其数值 Q 可通过量热装置测量反应前后体系温度变化，用公式 $Q = c\rho V_{总} \cdot \Delta T$ 计算获得。

盐酸浓度的测定：移取 20.00 mL 待测液，加入指示剂，用 0.5000 mol·L^{-1} NaOH 溶液滴定至终点，消耗 NaOH 溶液 22.00 mL 。

上述滴定操作用到的仪器有（　　　）。

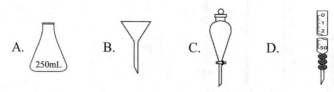

学生自我评价表				
知识清单	评价内容		分值	自测得分
实验操作	我能否完成滴定的准备工作:滴定管准备?		3	
实验操作	我能否独立完成滴定操作并判断滴定终点?		4	
误差分析	我能否进行实验误差分析?		3	
总分			10	
对本课时内容学习的自评:				

4. P71【探究实验】探究盐溶液的酸碱性

实验名称	探究盐溶液的酸碱性					
实验用品	均为 1mol/L 的 NaCl 溶液、Na$_2$CO$_3$ 溶液、NH$_4$Cl 溶液、KNO$_3$ 溶液、CH$_3$COONa溶液、(NH$_4$)$_2$SO$_4$溶液,pH计					
实验操作						
分别取浓度均为 1mol/L 的 NaCl 溶液、Na$_2$CO$_3$ 溶液、NH$_4$Cl 溶液、KNO$_3$溶液、CH$_3$COONa溶液、(NH$_4$)$_2$SO$_4$溶液20mL 于 6 只烧杯中,用 pH 计测其溶液 pH,填入表中。						
盐	NaCl	Na$_2$CO$_3$	NH$_4$Cl	KNO$_3$	CH$_3$COONa	(NH$_4$)$_2$SO$_4$
盐溶液的pH						
盐溶液的酸碱性						
盐的类型						

【反思与讨论】

盐的类型	强酸强碱盐	强碱弱酸盐	强酸弱碱盐
盐溶液的酸碱性			

5. P75【探究实验】探究反应条件对FeCl₃水解平衡的影响

实验名称	探究反应条件对$FeCl_3$水解平衡的影响		
实验用品	试管、试管夹、试管架、胶头滴管、pH计、药匙、酒精灯、火柴;0.01mol/L $FeCl_3$溶液、$FeCl_3$晶体、浓盐酸、浓氢氧化钠溶液。		
实验原理	$FeCl_3$(黄色)$+3H_2O \rightleftharpoons Fe(OH)_3$(红褐色)$+3HCl$		
影响因素	实验操作	实验现象	实验结论
温度	向甲、乙两支试管中分别加入5mL 0.01mol/L的$FeCl_3$溶液,加热甲试管一段时间,测定两支试管中溶液的pH,对比观察溶液颜色的变化。		
反应物的浓度	向甲、乙两支试管中分别加入10mL 0.01mol/L的$FeCl_3$溶液,向甲试管中加入少量$FeCl_3$晶体,振荡、静置,对比观察溶液颜色的变化。		
生成物的浓度	向甲、乙两支试管中分别加入10mL 0.01mol/L的$FeCl_3$溶液,向甲试管中加入少量浓盐酸,向乙试管中加入等体积的蒸馏水,振荡、静置,对比观察溶液颜色的变化。		
实验结论			

【反思与讨论】

1. 用pH试纸测定溶液pH时需要注意哪些问题?

2. 如果盐溶液呈中性,那么该盐是否一定不水解?

3. 解释在配制$FeCl_3$溶液时为什么要加入一定量的盐酸?

【必备知识】

1. 内因

内因是反应物本身的性质。一般来说，越弱的物质越容易水解。

2. 外因

温度：在其他条件相同时，升高温度会使水解平衡向右移动。

浓度：在其他条件相同时，增大反应物浓度或减小生成物浓度，水解平衡向右移动；而增大生成物浓度，水解平衡则会向左移动。

【关键能力】

1. [2021·湖南]常温下，用 $0.1000\,mol\cdot L^{-1}$ 的盐酸分别滴定 20.00mL 浓度均为 $0.1000\,mol\cdot L^{-1}$ 三种一元弱酸的钠盐（NaX、NaY、NaZ）溶液，滴定曲线如图所示。下列判断错误的是（　　）

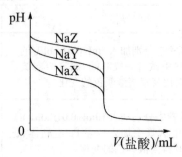

A. 该 NaX 溶液中：$c(Na^+)>c(X^-)>c(OH^-)>c(H^+)$

B. 三种一元弱酸的电离常数：$K_a(HX)>K_a(HY)>K_a(HZ)$

C. 当 pH＝7 时，三种溶液中：$c(X^-)=c(Y^-)=c(Z^-)$

D. 分别滴加 20.00mL 盐酸后，再将三种溶液混合：

$$c(X^-)+c(Y^-)+c(Z^-)=c(H^+)-c(OH^-)$$

2. [2022·湖南]为探究 $FeCl_3$ 的性质，进行了如下实验（$FeCl_3$ 和 Na_2SO_3 溶液浓度均为 $0.1\,mol\cdot L^{-1}$）：

实验	操作与现象
①	在 5mL 水中滴加 2 滴 $FeCl_3$ 溶液,呈棕黄色;煮沸,溶液变红褐色。
②	在 5mL $FeCl_3$ 溶液中滴加 2 滴 Na_2SO_3 溶液,变红褐色;再滴加 $K_3[Fe(CN)_6]$ 溶液,产生蓝色沉淀。
③	在 5mL Na_2SO_3 溶液中滴加 2 滴 $FeCl_3$ 溶液,变红褐色;将上述混合液分成两份,一份滴加 $K_3[Fe(CN)_6]$ 溶液,无蓝色沉淀生;另一份煮沸,产生红褐色沉淀。

依据上述实验现象，结论不合理的是（　　　）

A. 实验①说明加热促进 Fe^{3+} 水解反应

B. 实验②说明 Fe^{3+} 既发生了水解反应，又发生了还原反应

C. 实验③说明 Fe^{3+} 发生了水解反应，但没有发生还原反应

D. 整个实验说明 SO_3^{2-} 对 Fe^{3+} 的水解反应无影响，但对还原反应有影响

6. P82【实验3-3】沉淀的溶解

实验名称	沉淀的溶解		
实验用品	$Mg(OH)_2$、蒸馏水、盐酸、氯化铵溶液、试管		
操作步骤		实验现象	实验结论
分别向3支盛有少量$Mg(OH)_2$沉淀的试管中加入适量蒸馏水、盐酸和氯化铵溶液，观察并记录现象。			

【反思与讨论】

1. 请写出实验中相关的化学反应方程式。

2. 尝试应用平衡移动原理，分析、解释实验中发生的反应，并总结使沉淀溶解的规律。

7. P83【实验3-4】沉淀的转化

实验名称	沉淀的转化		
实验用品	0.1mol/L $AgNO_3$ 溶液、0.1mol/L NaCl 溶液、0.1mol/L KI 溶液、0.1mol/L Na_2S 溶液、试管		
操作步骤		实验现象	实验结论
(1) 向盛有 2mL 0.1mol/L NaCl 溶液的试管中加 2 滴 0.1mol/L $AgNO_3$ 溶液，观察并记录实验现象。			
(2) 继续向(1)中所得混合物中加 4 滴 0.1mol/L KI 溶液，仔细观察并记录实验现象的变化。			
(3) 再向(2)所得混合物中加 8 滴 0.1mol/L Na_2S 溶液，仔细观察并记录实验现象的变化。			

实验名称	沉淀的转化		
实验用品	0.1mol/LMgCl₂溶液、2mol/LNaOH溶液、0.1mol/LFeCl₃溶液、试管		
实验操作		实验现象	实验结论
(1)向盛有1mL 0.1mol/L MgCl₂溶液的试管中滴加1～2滴 2mol/L NaOH溶液,观察实验现象的变化。			
(2)向(1)中所得混合物中加2滴0.1mol/L FeCl₃溶液,仔细观察实验现象的变化。			

【反思与讨论】

1. 请写出上述实验中各步反应的化学方程式。

2. 如果将上述两个实验中的沉淀生成和转化的操作步骤颠倒顺序,可能会产生哪些不同的实验现象和后果?

【必备知识】

一、沉淀的溶解

原理:通过不断减少溶解平衡体系中的相应离子,使$Q_c<K_{sp}$,从而使平衡向沉淀溶解的方向移动。

二、沉淀的转化

1. 原理:沉淀转化是由一种难溶物转化为另一种难溶物的过程,这一过程实质上是通过改变条件使沉淀溶解平衡发生移动的结果。

2. 沉淀转化规律

(1)一般来说,溶解度小的沉淀转化为溶解度更小的沉淀容易实现。

(2)在某些条件下,溶解能力较小的沉淀也可以转化为溶解能力相对较大的沉淀。

【关键能力】

1. [2023·浙江]探究卤族元素单质及其化合物的性质,下列方案设计、现象和结论都正确的是 (　　)

选项	实验方案	实验现象	实验结论
A	往碘的CCl₄溶液中加入等体积浓KI溶液,振荡	分层,下层由紫红色变为浅粉红色,上层呈棕黄色	碘在浓KI溶液中的溶解能力大于在CCl₄中的溶解能力
B	用玻璃棒蘸取次氯酸钠溶液点在pH试纸上	试纸变白	次氯酸钠溶液呈中性

续表

选项	实验方案	实验现象	实验结论
C	向 2 mL 0.1 mol·L^{-1}AgNO$_3$ 溶液中先滴加 4 滴 0.1 mol·L^{-1}KCl 溶液,再滴加 4 滴 0.1 mol·L^{-1}KI 溶液	先产生白色沉淀,再产生黄色沉淀	AgCl 转化为 AgI,AgI 溶解度小于 AgCl 溶解度
D	取两份新制氯水,分别滴加 AgNO$_3$ 溶液和淀粉 KI 溶液	前者有白色沉淀,后者溶液变蓝色	氯气与水的反应存在限度

2. [2023·浙江]碳酸钙是常见难溶物,将过量碳酸钙粉末置于水中达到溶解平衡:

$CaCO_3(s) \rightleftharpoons Ca^{2+}(aq) + CO_3^{2-}(aq)$ [已知 $K_{sp}(CaCO_3) = 3.4 \times 10^{-9}$, $K_{sp}(CaSO_4) = 4.9 \times 10^{-5}$, H_2CO_3 的电离常数 $K_{a1} = 4.5 \times 10^{-7}$, $K_{a2} = 4.7 \times 10^{-11}$], 下列有关说法正确的是 (　　)

A. 上层清液中存在 $c(Ca^{2+}) = c(CO_3^{2-})$

B. 上层清液中含碳微粒最主要以 HCO_3^- 形式存在

C. 向体系中通入 CO_2 气体,溶液中 $c(Ca^{2+})$ 保持不变

D. 通过加 Na_2SO_4 溶液可实现 $CaCO_3$ 向 $CaSO_4$ 的有效转化

3 [2023·海南] (双选)实践中一些反应器内壁的污垢,可选用针对性的试剂溶解除去。下表中污垢处理试剂的选用,符合安全环保理念的是 (　　)

选项	A	B	C	D
污垢	银镜反应的银垢	石化设备内的硫垢	锅炉内的石膏垢	制氧的 MnO$_2$ 垢
试剂	6 mol·L^{-1} HNO$_3$ 溶液	5% NaOH 溶液; 3% H$_2$O$_2$ 溶液	饱和 Na$_2$CO$_3$ 溶液; 5% 柠檬酸溶液	浓 HCl 溶液

8. P94 【实验活动3】盐类水解的应用

实验名称	盐类水解的应用
实验目的	加深对盐类水解原理的认识。 了解盐类水解的广泛应用,体会化学的实际价值。

续表

| 实验用品 | 试管、试管夹、试管架、胶体滴管、烧杯、药匙、量筒、铁架台(带铁圈)、陶土网、酒精灯、火柴。蒸馏水、$FeCl_3$晶体、浓盐酸、饱和Na_2CO_3溶液、饱和$FeCl_3$溶液、1mol/L $Al_2(SO_4)_3$溶液、泥土、植物油。 | | |

实验操作	实验现象	实验结论
1. ①向一支试管中加入少量$FeCl_3$晶体，然后加入5 mL蒸馏水，振荡，观察并记录现象。②再向试管中加入2 mL浓盐酸，振荡，观察并记录现象。	①_____ ②_____	
2. 向三支试管中分别加入5 mL混有少量泥土的浑浊水，然后向①号试管加入2 mL饱和$FeCl_3$溶液、②号试管加入2 mL 1 mol·L^{-1} $Al_2(SO_4)_3$溶液，振荡。把三支试管放在试管架上，静置5 min，观察并记录现象，同时进行比较。	①_____ ②_____ ③_____	
3. 向一个烧杯中加入40 mL蒸馏水，加热至水沸腾，然后向沸水中逐滴加入5～6滴饱和$FeCl_3$溶液。继续煮沸至液体呈红褐色，停止加热，用激光手电照射。		
4. 向两支试管中分别加入5 mL饱和Na_2CO_3溶液，然后各滴入2～3滴植物油，振荡。将①号试管加热煮沸一会儿，然后再振荡。把两支试管中的液体倒掉，并用水冲洗试管，比较两支试管的内壁哪支更干净。		

【反思与讨论】

1. 根据实验结果，说明实验室中应该如何配制$FeCl_3$溶液。

【必备知识】

盐类水解的应用

1. 易水解盐溶液的配制

2. 活泼金属的单质、氧化物、氢氧化物能与强酸弱碱盐（水解呈酸性）反应

3. 铝盐、铁盐用于净水

4. 纯碱、小苏打去油污

5. 泡沫灭火器原理

6. 施用化肥

7. 判断物质水溶液的酸碱性的大小

8. 判断离子能否共存

9. 中和滴定时指示剂的选择

10. 溶液蒸干

11. 物质制备

如果某些盐的水解程度很大，可以用于制备无机化合物，如 TiO_2、Sb_2O_3 等。

【关键能力】

1. 为了除去 $MgCl_2$ 酸性溶液中的 Fe^{3+}，可在加热搅拌的条件下加入一种试剂，过滤后，再加入适量的 HCl，这种试剂是（　　　）

A. $NH_3 \cdot H_2O$　　　　　　B. NaOH

C. Na_2CO_3　　　　　　D. $MgCO_3$

2.（双选）下列物质能跟镁反应并生成氢气的是（　　　）

A. 醋酸溶液　　　　　　B. 氢氧化钠溶液

C. 氯化铵浓溶液　　　　D. 碳酸钠溶液

3.（1）碳酸钾溶液蒸干灼烧得到的固体物质是：_____，原因是：_____。

（2）$KAl(SO_4)_2$ 溶液蒸干得到的固体物质是：_____，原因是：_____。

（3）碳酸氢钡溶液蒸干得到的固体物质是：_____，原因是：_____。

（4）亚硫酸钠溶液蒸干得到的固体物质是：_____，原因是：_____。

（5）氯化铝溶液蒸干灼烧得到的固体物质是：_____，原因是：_____。

第13实验单元 结晶在物质制备和分离提纯中的应用

第一部分 教材实验再现 硫酸亚铁铵的制备

【实验目的】

1. 通过废铁屑制备硫酸亚铁铵的实验，了解物质制备的基本流程。

2. 熟练掌握过滤、蒸发、洗涤等实验操作技巧。

3. 深入了解利用不同物质间溶解度的差异进行物质制备的原理。

【实验原理】

硫酸亚铁铵的化学式为 $(NH_4)_2SO_4 \cdot FeSO_4 \cdot 6H_2O$，俗称莫尔盐，属于复盐类。通常，亚铁盐在空气中易被氧气氧化，但形成复盐后其稳定性显著增强。硫酸亚铁铵在水中的溶解度低于其任一组成盐的溶解度（见下表），这一特性使得我们可以通过特定方法制取硫酸亚铁铵晶体。

三种盐的溶解度($g/100gH_2O$)						
温度/℃	10	20	30	40	50	70
$(NH_4)_2SO_4$	73.0	75.4	78.0	81.0	84.5	91.9
$FeSO_4 \cdot 7H_2O$	40.0	48.0	60.0	73.3	—	—
$(NH_4)_2SO_4 \cdot FeSO_4 \cdot 6H_2O$	18.1	21.2	24.5	27.9	—	—

铁能与稀硫酸反应生成硫酸亚铁：$Fe + H_2SO_4 = FeSO_4 + H_2\uparrow$

硫酸亚铁可与等物质的量的硫酸铵生成硫酸亚铁铵：

【实验用品】

实验药品：10%的 Na_2CO_3 溶液、Fe 屑、3mol/L H_2SO_4、$(NH_4)_2SO_4$、蒸馏水、无水乙醇。

实验器具：锥形瓶、蒸发皿、酒精灯、玻璃棒、烧杯、铁架台、漏斗、托盘天平、量筒、滤纸。

【实验安全】

【实验步骤】

实验流程如下图所示：

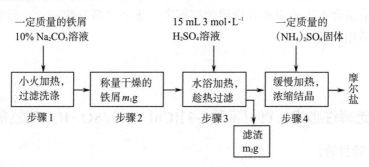

具体步骤：

1. Fe屑的处理

称取3g铁屑，放入锥形瓶，加入15 mL 10%的Na_2CO_3溶液，小火加热10 min以除去Fe屑表面的油污，将剩余的碱液倒掉，用蒸馏水把Fe冲洗干净，干燥。

2. 称量

称量干燥的铁屑质量，记为$m_1(Fe)$，备用。

3. $FeSO_4$的制备

将称量好的Fe屑放入锥形瓶中，加入15 mL 3mol/L H_2SO_4，置于水浴中加热至无气体生成为止（注意：过程中有氢气生成，若用明火加热需谨慎操作）。趁热进行过滤，用少量热水洗涤锥形瓶及滤纸，之后将滤液和洗涤液一起移至蒸发皿。待滤纸上固体干燥后，进行称重，记为$m_2(Fe)$。通过计算可得出反应中消耗的Fe的质量，进而求得生成的$FeSO_4$的物质的量。

4. $(NH_4)_2SO_4 \cdot FeSO_4 \cdot 6H_2O$的制备

根据已求得的$FeSO_4$的物质的量，计算出等物质的量的$(NH_4)_2SO_4$所需质量，并进行称取。将称好的$(NH_4)_2SO_4$加入上述实验的蒸发皿中，缓慢加热，直至溶液表面形成结晶薄膜。随后放置冷却，得到硫酸亚铁铵晶体。过滤后使用无水乙醇洗涤晶体以去除表面水分，并观察其颜色和状态。

5. 称量硫酸亚铁铵的质量

对生成的硫酸亚铁铵进行称量，并妥善保存以备后续实验使用。

【问题与讨论】

1. 加入$(NH_4)_2SO_4$的质量为：＿＿＿＿＿＿＿（用含m_1、m_2的代数式表示）。

2. 制得的晶体过滤后用无水乙醇洗涤而不用蒸馏水，根据是：＿＿＿＿＿＿＿。

3. 在步骤4中，当观察到"浓缩至表面出现结晶薄膜"时，表示

_____ （选填"$(NH_4)_2SO_4$""$FeSO_4 \cdot 7H_2O$""$(NH_4)_2SO_4 \cdot FeSO_4 \cdot 6H_2O$"）
溶液已_____。不能蒸发至干，原因是：_____。

4.请结合本实验中相关物质的溶解度，思考"蒸发浓缩、冷却结晶"这一方法适用的条件。

选择性必修2，P96【实验3-3】[Cu(NH₃)₄]SO₄·H₂O的制备

【实验目的】

1.通过实践加深对配合物的理解。

2.了解配合物的形成过程。

【实验用品】

试管、胶头滴管、硫酸铜溶液、氨水、蒸馏水、乙醇。

【实验安全】

【实验原理】

配合物是由中心原子或离子与一定数目的中性分子或阴离子以配位键结合而形成的一类化合物。

【实验步骤】

向盛有4mL 0.1mol/L $CuSO_4$溶液的试管中滴加几滴1mol/L的氨水。初始时会形成一种难溶物。继续滴加氨水并不断振荡试管，仔细观察实验现象。接着，再向试管中加入8mL 95%的乙醇，并用玻璃棒轻轻摩擦试管内壁，再次观察并记录实验现象。

实验操作	氨水 CuSO₄溶液	⇒ 氨水	⇒ 乙醇
实验现象	生成蓝色絮状沉淀	难溶物溶解，得到深蓝色的透明溶液	析出深蓝色的晶体
实验结论	$Cu^{2+}+2NH_3 \cdot H_2O$ $=Cu(OH)_2\downarrow+2NH_4^+$	$Cu(OH)_2+4NH_3$ $=[Cu(NH_3)_4](OH)_2$	乙醇的极性较小，配合物的溶解度变小而从溶液中析出

【问题与讨论】

[Cu(NH₃)₄]SO₄·H₂O 在乙醇—水混合溶剂中的溶解度随乙醇体积分数的变化如图所示。

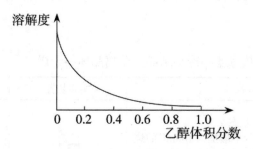

请思考：加入乙醇后，[Cu(NH₃)₄]SO₄·H₂O 为什么能结晶析出？用玻璃棒摩擦试管内壁的作用是什么？

选择性必修3，P14【探究】重结晶法提纯苯甲酸

【实验目的】

1. 学会分离提纯固态有机物的方法。

2. 掌握重结晶的操作技巧。

【实验用品】

烧杯、酒精灯、漏斗、陶土网、三脚架、玻璃棒、铁架台（带铁圈）、苯甲酸粗品。

资料1：粗苯甲酸中的主要杂质为泥沙、NaCl等。

资料2：苯甲酸为无色片状晶体，熔点122℃，沸点249℃。它微溶于水，但易溶于乙醇等有机溶剂。苯甲酸与杂质在水中的溶解度（g/100gH₂O）数据如下：

物质　　温度/℃	25℃	50℃	75℃
苯甲酸	0.34g	0.85g	2.2g
氯化钠	36.2g	37.0g	38.9g
泥沙	不溶	不溶	不溶

【实验安全】

【实验原理】

本实验利用苯甲酸在水中溶解度随温度显著变化，而杂质氯化钠的溶解度随温度的变化较小的特性。通过冷却结晶，苯甲酸会结晶析出，而氯化钠则留在滤液中。

【实验步骤】

加热溶解→趁热过滤→冷却结晶→分离晶体→干燥

实验操作	实验装置	实验现象
观察粗苯甲酸样品的状态。 加热溶解:将1.0g粗苯甲酸加入100mL的烧杯中,再加入50mL蒸馏水,置于陶土网上边加热并搅拌至完全溶解,随后补加少量蒸馏水。		有难溶物质。
趁热过滤:使用漏斗在热状态下将溶液过滤至另一个100mL烧杯中。		滤纸上留下不溶物,获得澄清滤液。
冷却结晶:静置滤液,让其缓慢冷却并结晶。		溶液中逐渐析出白色晶体。
分离晶体:待滤液完全冷却后,滤出晶体,用少量蒸馏水洗涤,铺在干燥滤纸上晾干后称重。		

【问题与讨论】

1. 加热在溶解粗苯甲酸时的作用是什么？趁热过滤的目的是什么？

2. 是不是结晶时的温度越低，由于苯甲酸的溶解度越小，就能得到更多的苯甲酸晶体？

3. 重结晶过程对溶剂有哪些特定要求？

4. 若晶体中含有有色杂质，在加热溶解后，应先将烧杯移开火源，再加入活性炭煮沸5min后趁热过滤。不能向正在加热的溶液直接加入活性炭，原因是_____。

5. 一种趁热过滤的装置为 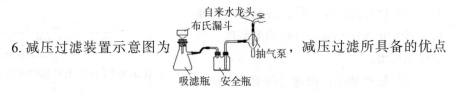，能在过滤时保持较高温度，其目的是：

_____。

6. 减压过滤装置示意图为 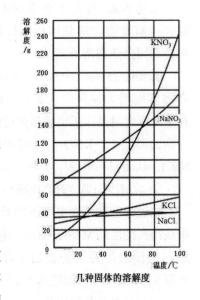，减压过滤所具备的优点

有：_____。

【关键能力】

一、模型建构

要从溶液中结晶出纯净干燥的晶体，通常需遵循以下步骤：

晶体的析出——过滤——洗涤——干燥

（一）晶体的析出

晶体的析出方法主要取决于溶质在水中的溶解度与温度的关系，以及在不同溶剂中的溶解度差异晶体。常见的析出主要有蒸发结晶、蒸发浓缩后冷却结晶、醇析结晶和盐析结晶。在蒸发结晶和蒸发浓缩、冷却结晶过程中，蒸发溶剂的程度要根据溶解度随温度变化趋势来定，为了获得尽可能大的晶体，还要考虑影响晶体颗粒大小的因素。

1. 结晶方法的选择

几种常见固体的溶解度如图所示。

（1）蒸发结晶：此方法适用于溶解度随温度变化不大的物质。通过蒸发溶液减少溶剂，使溶液达到饱和状态从而析出晶体。例如，从NaCl溶液中获取NaCl固体。

几种固体的溶解度

（2）蒸发浓缩、冷却结晶：适用于溶解度随温度升高而增大，降低而下降明显减小的物质。先通过蒸发使溶液在较高温度下达到饱和，再降低温度使晶体析出。例如，从KNO_3溶液中获取KNO_3固体。

对于带有结晶水的晶体，如$FeSO_4 \cdot 7H_2O$和$CuSO_4 \cdot 5H_2O$，也常用这种方法。

（3）醇析结晶：适用于那些易溶于水但难溶于乙醇的晶体的。例如，制备$[Cu(NH_3)_4]SO_4 \cdot H_2O$的时，向$[Cu(NH_3)_4]SO_4$溶液中加入乙醇，降低溶剂极性，从而减少$[Cu(NH_3)_4]SO_4 \cdot H_2O$的溶解度，使其结晶析出。

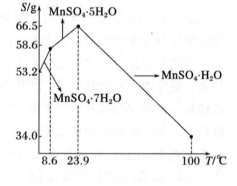

$[Cu(NH_3)_4]SO_4 \cdot H_2O$溶解度的变化

（4）盐析结晶：指通过向溶液中加入无机盐来降低某种物质的溶解度，从而使其析出的过程。这种方法在肥皂制备、蛋白质分离提纯中有所应用。

2. 蒸发程度的选择

（1）蒸发至大量晶体析出的情况

① 对于溶解度随温度变化不大的物质

如从 NaCl 溶液中获取 NaCl 固体时，可蒸发至大量晶体析出后停止加热，利用余热将溶液蒸干。

若要除去 NaCl 中混有的随温度升高溶解度增大的杂质（如KNO_3），可在蒸发至大量晶体析出后趁热过滤。因为在此温度下，KNO_3的溶解度远大于NaCl，从而留在溶液中实现分离。

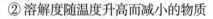

② 溶解度随温度升高而减小的物质

如硫酸锰在不同温度下的溶解度和析出晶体的组成如图所示。为了从滤液中获得高纯度的$MnSO_4 \cdot H_2O$，应控制在80～90 ℃之间进行蒸发结晶并趁热过滤。这样做是为了防止温度降低导致$MnSO_4 \cdot H_2O$溶解度增加而影响产率。根据S—T图可知，温度低于23.9℃时，晶体还会转化为$MnSO_4 \cdot 5H_2O$。

（2）蒸发至晶膜出现

此法适用于溶解度随温度升高而显著增大的物质，或受热不稳定的物质（例如易分解、易氧化等），如$CuSO_4 \cdot 5H_2O$。晶膜的出现意味着溶液已达到了该温度下的饱和状态。停止加热后，随着温度降低，晶体的溶解度会减小，从而结晶析出。若在冷却过程中未发现晶体析出，可能是因为蒸发溶剂过多导致溶液过饱和，此时可向溶液中加入少量该晶体作为结晶中心（晶核），或用玻璃棒摩擦容器内壁，使其变得粗糙，便于晶体附着生长。

3.影响晶体颗粒大小的因素

蒸发和冷却速率快时，所得晶体颗粒较小，不易夹杂杂质，纯度高；蒸发和冷却速率慢时，所得晶体颗粒较大，但容易夹杂杂质，影响纯度。搅拌和振荡也会使晶体颗粒变小。因为过快的冷却搅拌和振荡均会在溶液中形成多个结晶中心，不利于大颗粒晶体的生成。

（二）晶体的过滤

根据晶体的颗粒大小和溶剂的蒸发程度，可以选择不同的过滤方法，主要有以下4种：

普通过滤　　　倾析法　　　减压过滤（抽滤）　　　热过滤

1.普通过滤

适用于一般的固液分离，操作时需注意"一贴""二低""三靠"。

2.倾析法

当晶体颗粒较大，静置后能轻易沉降至容器底部时，此法适用。

3.减压过滤（抽滤）

（1）装置组装

在圆筒底铺上滤纸，将漏斗插入布氏烧瓶的上方开口并密封接口（例如使用橡胶环），确保斜口对准布氏烧瓶（亦称吸滤瓶或抽滤瓶）的支管口，支管口则连接至抽气系统。

（2）操作过程

用少量蒸馏水将滤纸润湿，打开抽气泵，使滤纸与漏斗紧贴。将待过滤的固液混合物倒入布氏漏斗，液体在负压作用下被抽入烧瓶，同时注意观察压力表的读数。当漏斗下方不再滴液时，应先断开抽滤瓶与真空泵的接口，再关闭真空泵，以防止倒吸现象。

（3）洗涤

向布氏漏斗中加入少量洗涤剂，用玻璃棒轻轻松动晶体（不能搅拌，以防滤纸搅破损），然后重新抽干，此操作重复2~3次。

（4）优点

由于形成了负压，因此加快了过滤速率；同时能更有效地分离晶体与母液，得到的固体也更干燥。

（5）注意事项

①抽滤时不能用普通漏斗代替布氏漏斗，因为普通漏斗四壁紧贴滤纸处，不受负压影响。

②若需保留溶液，应在布氏烧瓶和抽气泵之间增设一安全瓶，以防止关闭抽气泵或水流量突减时发生倒吸，避免自来水回流污染溶液。

③此法不适用于胶状沉淀和颗粒过细的沉淀过滤，因为胶状沉淀会穿透滤纸，而过细的沉淀则容易在滤纸上结块，降低过滤效率或穿透滤纸。

4.热过滤

当溶液中的某溶质降温时容易析出大量晶体，而我们希望在过滤过程中避免其结晶析时，可以采用热过滤装置，保持固液混合物的温度在一定范围内进行过滤。热过滤也被称为趁热过滤。

（三）晶体的洗涤

1.洗涤的目的

过滤后，晶体表面往往会吸附有可溶性杂质离子，因此需要洗涤以去除这些杂质。如果滤液中含有我们所需的物质，那么洗涤过滤后所得的残渣就是为了尽可能洗出残渣表面吸附的目标产物或有用物质，从而提升产率或利用率。

2.洗涤剂的选择

洗涤剂	适用条件	洗涤目的
蒸馏水	晶体不溶于水。	去除晶体表面附着的可溶性杂质。
热水	晶体的溶解度随温度升高而降低，使用溶解度较小且低于100℃的热水洗涤。	去除晶体表面附着的可溶性杂质；同时减少晶体由于溶解而造成的损失。
冷水或冰水	晶体的溶解度随温度升高而增大。	去除晶体表面附着的可溶性杂质；同时减少晶体由于溶解而造成的损失。
乙醇	晶体易溶于水,难溶于乙醇。	去除晶体表面附着的可溶性杂质；同时减少晶体由于溶解而造成的损失；利用乙醇的挥发性去除晶体表面的水分,便于干燥。
过滤后的滤液	用于冲洗烧杯内残留的晶体。	冲洗烧杯内残留的晶体。

3.洗涤方法

（1）普通过滤洗涤

沿玻璃棒向漏斗中加入洗涤剂（例如蒸馏水）至沉淀被浸没，待洗涤剂自然流出后，重复此操作2～3次。

（2）减压过滤洗涤

应调低水龙头流量，使洗涤剂缓慢流过沉淀物，重复此操作2～3次。

注意：洗涤时不能用玻璃棒搅拌，因为滤纸已经很润湿，搅拌容易破损滤纸，导致晶体损失。

（3）检验晶体是否洗涤干净的方法

其实就是检验晶体表面是否仍有附着的离子。取最后一次的洗涤液，加入相应的试剂，若未观察到特定现象，则说明晶体已洗涤干净。

（四）晶体的干燥

晶体的干燥通常采用自然干燥或在干燥器中进行。若晶体容易氧化或分解，则可采用减压干燥。减压干燥是在密闭容器中抽真空后进行的干燥方法，其特点是温度低、速度快、与空气接触少，从而可防止晶体的分解或氧化。

压力表

接抽气泵

隔板上放置盛有产品的坩埚

底部可放干燥剂

减压干燥装置

二、模型应用

1.[2019·浙江4月节选]某兴趣小组在定量分析了镁渣[含有$MgCO_3$、$Mg(OH)_2$、$CaCO_3$、Al_2O_3、Fe_2O_3和SiO_2]中Mg含量的基础上，按如下流程制备六水合氯化镁（$MgCl_2·6H_2O$）。

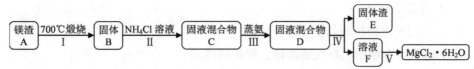

（3）溶液F经盐酸酸化、蒸发、结晶、过滤、洗涤和低温干燥得到产品。取少量产品溶于水后发现溶液呈碱性。

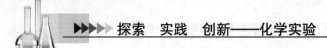

①含有的杂质是_____。

②从操作上分析引入杂质的原因是_____。

2.[2021.1·浙江节选]某兴趣小组用铬铁矿[$Fe(CrO_2)_2$]制备$K_2Cr_2O_7$晶体，流程如下：

已知：$4Fe(CrO_2)_2 + 10Na_2CO_3 + 7O_2 \xrightarrow{\text{高温}} 8Na_2CrO_4 + 4NaFeO_2 + 10CO_2$

$2H^+ + 2CrO_4^{2-} \rightleftharpoons CrO_7^{2-} + H_2O$

相关物质的溶解度随温度变化如下图。

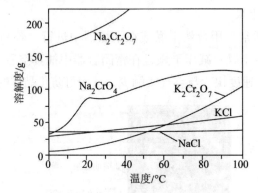

请回答：

（3）步骤 V，重结晶前，为了得到杂质较少的$K_2Cr_2O_7$粗产品，从下列选项中选出合理的操作（操作不能重复使用）并排序：溶解 KCl →_____→

_____→_____→_____→重结晶。

a.50℃蒸发溶剂；

b.100℃蒸发溶剂；

c.抽滤；

d.冷却至室温；

e.蒸发至溶液出现晶膜，停止加热；

f.蒸发至溶液中出现大量晶体，停止加热。

3. 从硼镁矿中得到 $NaBO_3 \cdot 4H_2O$ 的流程如下：

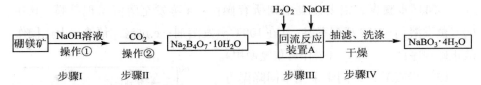

有关物质的溶解度如图所示，请回答：

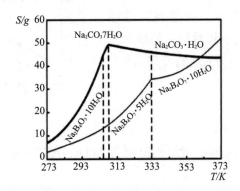

操作②的步骤为：＿＿＿＿＿＿＿＿＿＿＿＿＿＿＿＿＿＿＿。

4. [浙江卷节选]某兴趣小组用镀锌铁皮按下列流程制备七水合硫酸锌（$ZnSO_4 \cdot 7H_2O$）

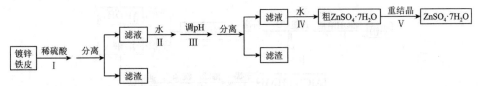

已知：$ZnSO_4$ 的溶解度（物质在100g水中溶解的质量）随温度变化曲线。

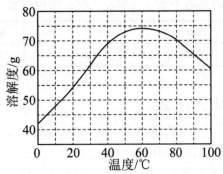

请回答：

（4）步骤Ⅳ，需要用到下列所有操作：a.蒸发至溶液出现晶膜；b.在60℃蒸发溶剂；c.冷却至室温；d.在100℃蒸发溶剂；e.过滤。请给出上述操作的正确顺序：_____（操作可重复使用）。

（5）步骤Ⅴ，某同学采用不同降温方式进行冷却结晶，测得 $ZnSO_4 \cdot 7H_2O$ 晶体颗粒大小分布如图1所示。根据该实验结果，为了得到颗粒大小相对均一的较大晶粒，宜选择_____方式进行冷却结晶。

A. 快速降温

B. 缓慢降温

C. 变速降温

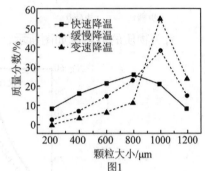

图1

5. [浙江选考]某兴趣小组用铝箔制备 Al_2O_3、$AlCl_3 \cdot 6H_2O$ 及明矾大晶体，具体流程如下：

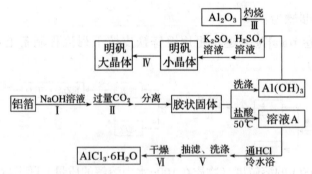

已知：$AlCl_3 \cdot 6H_2O$ 易溶于水、乙醇及乙醚；明矾在水中的溶解度如下表。

温度/℃	0	10	20	30	40	60	80	90
溶解度/g	3.00	3.99	5.90	8.39	11.7	24.8	71.0	109

请回答：

（1）步骤Ⅰ中的化学方程式：_____。步骤Ⅱ中生成 $Al(OH)_3$ 的离子方程式：_____。

（2）步骤Ⅲ，下列操作合理的是：_____。

A. 坩埚洗净后，无需擦干，即可加入 $Al(OH)_3$ 灼烧

B. 为了得到纯 Al_2O_3，需灼烧至恒重

C. 若用坩埚钳移动灼热的坩埚，需预热坩埚钳

D. 坩埚取下后放在陶土网上冷却待用

E. 为确保称量准确，灼烧后应趁热称重

（3）步骤Ⅳ，选出在培养规则明矾大晶体过程中合理的操作并排序

_____。

①迅速降至室温；②用玻璃棒摩擦器壁；③配制90℃的明矾饱和溶液；④自然冷却至室温；⑤选规则明矾小晶体并悬挂在溶液中央；⑥配制高于室温10～20℃的明矾饱和溶液。

（4）由溶液A制备$AlCl_3 \cdot 6H_2O$的装置如图：

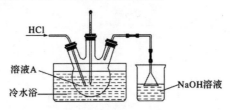

①通入HCl的作用是抑制$AlCl_3$水解和_____。

②步骤Ⅴ，抽滤时，用玻璃纤维替代滤纸的理由是：_____；洗涤时，合适的洗涤剂是：_____。

③步骤Ⅵ，为得到纯净的$AlCl_3 \cdot 6H_2O$，宜采用的干燥方式是：_____。

6. [2022·全国甲卷]硫化钠可广泛用于染料、医药行业。工业生产的硫化钠粗品中常含有一定量的煤灰及重金属硫化物等杂质。硫化钠易溶于热乙醇，重金属硫化物难溶于乙醇。实验室中常用95%乙醇重结晶纯化硫化钠粗品。回答下列问题：

（1）工业上常用芒硝（$Na_2SO_4 \cdot 10H_2O$）和煤粉在高温下生产硫化钠，同时生成CO，该反应的化学方程式为：_____。

（2）溶解回流装置如图所示，回流前无需加入沸石，其原因是：_____。回流时，烧瓶内气雾上升高度不宜超过冷凝管高度的1/3。若气雾上升过高，可采取的措施是：_____。

（3）回流时间不宜过长，原因是：_____。回流结束后，需进行的操作有：①停止加热；②关闭冷凝水；③移去水浴。正确的顺序为：_____（填标号）。

A.①②③　　B.③①②　　C.②①③　　D.①③②

（4）该实验在进行热过滤操作时，用锥形瓶而不能用烧杯接收滤液，其原因是：_____。过滤除去的杂质为：_____。若滤纸上析出大量晶体，则可能的原因是：_____。

（5）滤液冷却、结晶、过滤，晶体用少量_____洗涤，干燥，得到Na₂S·xH₂O。

参 考 答 案

第1实验单元 必修1第一章 物质及其变化

1. P9【实验1-1】 氢氧化铁胶体的制备与性质

【实验步骤】 (1) 液体变为红褐色且不分层；(2) 产生一条光亮的通路；没有明显现象。

【反思与讨论】1. 不能。稀的氯化铁溶液浓度过低，不利于氢氧化铁胶体的形成，易生成$Fe(OH)_3$沉淀。

2. 不能。否则会因为溶液浓度过大直接生成$Fe(OH)_3$沉淀而无法得到$Fe(OH)_3$胶体。

3. 不能。否则会因为溶液温度过高发生聚沉直接生成$Fe(OH)_3$沉淀，而无法得到$Fe(OH)_3$胶体。

4. 不能。否则会因为自来水中含有较多电解质、易使制备的胶体发生聚沉直接生成$Fe(OH)_3$沉淀，而无法得到$Fe(OH)_3$胶体。

5. $FeCl_3 + 3H_2O \xlongequal{} Fe(OH)_3(胶体) + 3HCl$ （条件：煮沸）

【实验疑惑】1. 先将氯化铁、硫酸铝的晶体溶解于稀的对应酸中，再加适量水稀释到对应浓度，这样操作是为了防止氯化铁溶于水的时候发生水解。

2. 前者不行，后者可以。因为氯化铁在蒸干过程中发生水解反应$FeCl_3 + 3H_2O \xlongequal{} Fe(OH)_3(胶体) + 3HCl$，而HCl易挥发促使该反应正向进行，从而导致氯化铁完全转化为氢氧化铁，再经灼烧变成三氧化二铁，而硫酸铁虽然也能水解，但是所得硫酸并不挥发，所以蒸干灼烧后能得到硫酸铁固体。可以在HCl气流中加热蒸干灼烧氯化铁固体，因为这样可以抑制氯化铁水解。

3. 不能。因为氢氧化钠会和氯化铁反应生成氢氧化铁沉淀。

【关键能力】1. D 2. AB 3. C

2. P14【实验1-2】电解质的导电实验

【实验步骤】(1) 灯泡不亮、灯泡不亮、灯泡不亮；(2) 灯泡发光、灯泡发光；

【反思与讨论】1. 湿手上有电解质溶液，能导电，所以容易发生触电事故。

2. 在固态时，氯化钠、硝酸钾等电解质的阴阳离子在晶体中固定位置周围震动，无法自由移动，而溶于水或熔融时形成了可自由移动的离子，受外加电场的作用作定向移动，从而导电。

3. $NaCl=Na^++Cl^-$ $KNO_3=K^++NO_3^-$

【关键能力】1.A 2.D 3.B

4.（4）⑤$1.34\times10^{-5}$；测试温度不同，根据电导率结果无法判断不同温度下饱和溶液的溶解度；⑥45℃；II；45℃；$A_3>B_2>B_1$

【解析】（4）⑤25℃时，$K_{sp}(AgCl)=c(Ag^+)\times c(Cl^-)$，根据沉淀溶解平衡可知，饱和的 AgCl 溶液中 $c(Ag^+)=c(Cl^-)$，所以有 $c(Cl^-)=\sqrt{K_{sp}(AgCl)}=\sqrt{1.8\times10^{-10}}=1.34\times10^{-5}mol/L$；

实验1至实验3中，不同的饱和溶液浓度不同且测试温度不同。根据资料显示，离子浓度一定时，稀溶液电导率随温度的升高而增大，所以根据实验1至实验3无法判断温度较高的饱和溶液离子浓度大，进而不能得出溶解度关系，故答案为：1.34×10^{-5}。测试温度不同，根据电导率结果无法判断不同温度下饱和溶液的溶解度。

⑥如果要判断 AgCl 在水中的溶解度随温度的变化情况，可以设计不同温度下的饱和溶液在相同温度下测试，如果温度较高的饱和溶液电导率比温度较低的饱和溶液电导率高，则可以得出温度升高饱和溶液中离子浓度高。所以可以设计试样 I 在45℃下测试与实验3进行比较，设计试样 II 在45℃下测试与实验3比较。故答案为：45℃；II；45℃；

⑦猜想 b 成立的判断依据是 $A_3>B_2>B_1$，故答案为：$A_3>B_2>B_1$。

3. P17【实验1-3】离子反应及其发生的条件

【实验步骤】白色沉淀，$BaCl_2===Ba^{2+}+2Cl^-$、$Na_2SO_4===SO_4^{2-}+2Na^+$。$Ba^{2+}$、$Cl^-$、$SO_4^{2-}$、$Na^+$。$Cl^-$、$Na^+$。

【反思与讨论】1.电解质溶于水或受热熔化时，电离成自由移动离子。

2.

3. $Na_2SO_4+BaCl_2===BaSO_4\downarrow+2NaCl$，$SO_4^{2-}+Ba^{2+}===BaSO_4\downarrow$

【关键能力】1. A 2.C

第2实验单元　必修1第二章　海水中的重要元素——钠和氯

1. P34【实验2-1】钠的切割

【实验步骤】底部。大，不发生，煤油（石蜡油）。银白色的金属光泽。很软，银白色的金属光泽。变暗，金属光泽。氧气，$4Na+O_2\xlongequal{}2Na_2O$。

【反思与讨论】1. Na的原子结构示意图为 ⊕₁₁ 2 8 1，最外层只有1个电子，在化学反应中该电子很容易失去，形成的Na^+最外层有8个电子是稳定结构，故Na表现出很强的还原性。

2. 用煤油或石蜡油隔绝空气，防止钠与空气中的O_2、H_2O反应；因为CCl_4的密度比钠大，钠不能保存在CCl_4中。

3.

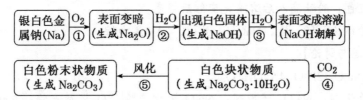

① $4Na+O_2\xlongequal{}2Na_2O$　② $Na_2O+H_2O\xlongequal{}$ NaOH ④ $2NaOH+CO_2+9H_2O\xlongequal{}Na_2CO_3\cdot 10H_2O$

【关键能力】1. C　2. D　3. D

2. P35【实验2-2】钠的燃烧

【实验步骤】熔化，黄，淡黄，固。钠的熔点低，$2Na+O_2\xlongequal{点燃}Na_2O_2$

【反思与讨论】

1. 不是。之所以会产生两种不同产物是因为条件不同，常温下生成氧化钠，加热条件下生成过氧化钠。

2. （1）一致。Na与O_2反应，不论生成Na_2O还是Na_2O_2，每个Na原子都是失去1个电子变为Na^+，因此，只要发生反应的Na的量一定，电子转移数就是一定的。

（2）不一致。因为Na与O_2反应，由于生成Na_2O或Na_2O_2时，单个O原子变价不同，所以转移电子数不同。

【关键能力】1. C　2. C　3. A　4. A　5. D　6. A　7. C

3. P36【探究实验】钠与水的反应

【实验步骤】

（1）无。　（2）①小；②放热；熔点高；④碱性。①小②放热，低④碱性

【反思与讨论】

1. 不能用水灭火。原因是钠与水反应产生H_2，用水灭火易发生爆炸，应用干燥的沙土盖灭。

2. 钠的密度比煤油或石蜡大，用煤油或石蜡油隔绝空气，防止钠与空气中的O_2、H_2O反应；因为CCl_4的密度比钠大，钠不能保存在CCl_4中。

【关键能力】1. B　2. A　3. C

4. P37【实验2-3】过氧化钠与水反应

【实验步骤】

实验现象：（1）淡黄色，粉末状固体；（2）复燃，发热；（3）pH试纸先变蓝后褪色；酚酞滴入后溶液先变红后褪色。

实验结论：（2）O_2，NaOH，放出，（3）漂白性

【反思与讨论】

1. $2Na_2O_2+2H_2O=4NaOH+O_2\uparrow$

2. 氧化剂：Na_2O_2　还原剂：Na_2O_2　氧化产物：O_2　还原产物：NaOH　2mol电子。

3. 不能。因为碱性氧化物在与水反应时只生成碱，不生成其他物质，其次碱性氧化物与水反应不变价。

4. 脱脂棉着火燃烧。因为Na_2O_2与水的反应放出大量的热，点燃脱脂棉。

【关键能力】1. D　2. B

5. P38【实验2-4】P39【实验2-5】碳酸钠和碳酸氢钠的性质

【实验步骤】

（1）白色粉末状固体；细小白色晶体。

（2）碳酸钠结块变成晶体，碳酸氢钠产生白色浑浊。盛有碳酸钠的试管中温度有明显上升，盛有碳酸氢钠的试管中温度略有下降。说明碳酸钠溶于水放热明显，碳酸氢钠溶于水吸热。

（3）碳酸钠基本上完全溶解，碳酸氢钠未能完全溶解，结论：碳酸钠在水中的溶解性强于碳酸氢钠。

（4）两只试管溶液都变红，但碳酸钠溶液比碳酸氢钠溶液的红色深得多。结论：两种物质的水溶液均显碱性，但碳酸钠的碱性强于碳酸氢钠。

（5）气泡，不变浑浊，气泡，变浑浊。说明碳酸氢钠受热易分解，结论：热稳定性好于碳酸钠。

【反思与讨论】

1. $2NaHCO_3 \xrightarrow{加热} Na_2CO_3+CO_2\uparrow+H_2O$ $CO_2+Ca(OH)_2 === CaCO_3\downarrow+H_2O$

2. 不同。碳酸钠：开始无明显现象，$Na_2CO_3+HCl === NaHCO_3+NaCl$；后来产生气体，$NaHCO_3+HCl === NaCl++CO_2\uparrow+H_2O$

碳酸氢钠：一开始就产生气体，$NaHCO_3+HCl === NaCl+CO_2\uparrow+H_2O$

3. 可以。因为碳酸钠能与$CaCl_2$反应生成$CaCO_3$白色沉淀：$Na_2CO_3+CaCl_2 == CaCO_3\downarrow+2NaCl$，而碳酸氢钠则不能与之反应，无明显现象。

不能。因为碳酸钠和碳酸氢钠都可以和$Ca(OH)_2$反应生成$CaCO_3$白色沉淀，无法区分：

$Na_2CO_3+Ca(OH)_2 == CaCO_3\downarrow+2NaOH$

$2NaHCO_3+Ca(OH)_2 == CaCO_3\downarrow+Na_2CO_3+H_2O$

4. （1）加热固体直至恒重，$2NaHCO_3 \xrightarrow{加热} Na_2CO_3+CO_2\uparrow+H_2O$。

（2）向溶液中通入足量的二氧化碳，$Na_2CO_3+CO_2+H_2O === 2NaHCO_3$。

【教材汇总】试管口向下倾斜；防止试管口的冷凝水倒流回试管底部炸裂试管，造成安全事故。1. 初中实验：实验室制O_2。2. 必修2：实验室制NH_3

【关键能力】

1. A 2. B 3. B 4. C

6. P40【实验2-6】焰色试验

【实验步骤】

（1）开始与原来火焰颜色不同，一段时间后与原来火焰颜色相同。

（2）Na：黄色 （3）K：紫色，Li：紫红色，Ca：砖红色，Sr：洋红色，Ba：黄绿色，Cu：绿色

【反思与讨论】

1. 不能。例如铁、铂、钨等元素就不能进行焰色试验，因为这些元素的焰色太淡，很难观察。

2. 焰色试验是金属元素在高温状态下核外电子发生跃迁产生可见光的过程，并未生成新的化学物质，所有属于物理变化。

3. 是。都显现出黄色火焰，焰色试验是元素的性质，而不是单质或某种化合物的性质，与存在状态无关。

4. 不能。因为黄光能遮盖紫光，所以不能排除K^+的存在。

【关键能力】1. C　2. B　3. B　4. D　5. B

7. P45【实验2-7】氢气在氯气中的燃烧反应

【实验步骤】（1）淡蓝色　（2）安静地，苍白色　（3）白雾

【反思与讨论】

1. 用手掌在集气瓶上方轻轻地扇动，使少量氯气进入鼻孔。

2. 稀氢氧化钠溶液

$Cl_2+2NaOH=NaCl+NaClO+H_2O$

3. $Zn+H_2SO_4=ZnSO_4+H_2\uparrow$

$2H_2+O_2\xrightarrow{\text{加热}}2H_2O$　　　　　$H_2+Cl_2\xrightarrow{\text{加热}}2HCl$

4. 不相同。因为氯气是强氧化剂，能将变价金属氧化到高价：如铁的+3价、铜的+2价，而硫单质是弱氧化剂，只能将变价金属氧化到较低价态：如铁的+2价、铜的+1价。

5. 氯气分别与铁、铜、氢气、氯化亚铁、二氧化硫、碘化钾溶液的反应中氯气只表现出了强氧化性。

$H_2+Cl_2\xrightarrow{\text{加热}}2HCl$　　　$Cu+Cl_2\xrightarrow{\text{加热}}CuCl_2$　　　$2Fe+3Cl_2\xrightarrow{\text{加热}}2FeCl_3$

$2FeCl_2+Cl_2===2FeCl_3$　$SO_2+Cl_2+2H_2O===2HCl+H_2SO_4$　$Cl_2+2KI===I_2+2KCl$

【教材汇总】1. 初中实验：制氢气、二氧化碳。2. 必修2：实验室制SO_2、铜与浓硫酸反取NO_2、铜与稀硝酸反应制取NO

【关键能力】1. C　2. A　3. A　4. B　5. B　6. A　7. C

8. P46【实验2-8】验证氯气的漂白性

【实验步骤】（1）不褪色，褪色；漂白性，漂白性　（2）褪色，漂白性

【反思与讨论】

1. $Cl_2+H_2O \rightleftharpoons HCl+HClO$

2. 次氯酸具有漂白性。从原理看反应中出现四种物质，除去教材实验确定的干燥氯气无漂白性，可以设计做三组对照试验。一组实验将有色布条浸入水中，一组实验将有色布条浸入稀盐酸中，一组实验将有色布条浸入次氯酸中。所得结果中，前两组对照试验中有色布条均不褪色，第三组中有色布条褪色，则证明是次氯酸具有漂白性。

3. $Cl_2+2NaOH====NaCl+NaClO+H_2O$

氧化剂和还原剂均是Cl_2，氧化产物是$NaClO$，还原产物是$NaCl$。

$2Cl_2+2Ca(OH)_2====CaCl_2+Ca(ClO)_2+2H_2O$

氧化剂和还原剂均是Cl_2，氧化产物是$Ca(ClO)_2$，还原产物是$CaCl_2$。

4. 新制氯水：三分子/四离子：Cl_2、H_2O、$HClO$　H^+、Cl^-、ClO^-、OH^-

久置氯水：一分子/三离子：H_2O H^+、Cl^-、OH^-

原理：$2HClO \xrightarrow{光照} 2HCl+O_2$

5. 石蕊溶液先变红后褪色；氯水中存在反应$Cl_2+H_2O \rightleftharpoons HCl+HClO$，所以变红是因为产物盐酸电离出氢离子显酸性，褪色是因为次氯酸具有漂白性。

6. 漂白液：主要成分 $NaClO$、$NaCl$ 有效成分 $NaClO$

漂白粉：主要成分 $Ca(ClO)_2$、$CaCl_2$ 有效成分 $Ca(ClO)_2$

生效反应：$Ca(ClO)_2+CO_2+H_2O === CaCO_3\downarrow+2HClO$

失效反应：$2HClO === 2HCl+O_2$（光照）

【关键能力】1.D 2.C

9. P49【实验2-9】氯离子的检验

【实验步骤】

(1) 稀盐酸、氯化钠溶液、碳酸钠溶液、自来水，蒸馏水

(2) 重新变回澄清

【反思与讨论】

1. $Ag^++Cl^- === AgCl\downarrow$ $2Ag^++CO_3^{2-} === Ag_2CO_3\downarrow$

$Ag_2CO_3+2H^+ === 2Ag^++CO_2+H_2O$

2. 方法一：向待测溶液中先加稀硝酸，后加硝酸银溶液，如果产生白色沉淀，则证明待测溶液中一定有氯离子。

方法二：向待测溶液中加入稀硝酸酸化的硝酸银溶液，如果产生白色沉淀，则证明待测溶液中一定有氯离子。

3. 稀硝酸的酸化作用指的是可以排除掉OH^-和CO_3^{2-}等离子的干扰作用，从而确保实验操作后出现的白色沉淀现象能证明溶液中一定存在氯离子。

4. 先向溶液中加入硝酸钡，使硫酸根完全转化为硫酸钡沉淀，经过滤后，再加入稀硝酸和硝酸银。如果仍能产生白色浑浊，则证明溶液中一定含有氯离子。

5. 方法一样，只不过溴离子的检验会出现浅黄色沉淀，碘离子的检验会出现黄色沉淀；

溴离子：可以向待测溶液中先加入适量氯水，再加入适量四氯化碳溶液，充分混合，观察现象。如果溶液先变橙色，后下层出现橙红色说明待测溶液中一定有溴离子。

碘离子：可以向待测溶液中先加入适量氯水，再加入适量四氯化碳溶液（或淀粉溶液），充分混合，观察现象。如果溶液先变棕黄色，后下层出现橙红色（或溶液变蓝）说明待测溶液中一定有碘离子。

【关键能力】1.C 2.BC

10. P59【实验2-10】 P65【实验活动1】配制一定物质的量浓度的NaCl溶液

【实验步骤】

（1）100ml，1mol/L　①1mol/L × 0.1L × 58.5g/mol　②5.85g

（2）托盘天平，一张同等质量的滤纸　物，码，偏小，0.1g，5.0g

（3）搅拌，加速溶解　冷却至室温

（4）烧杯内壁和玻璃棒2～3次　①引流移液　②下面，转移的溶液会洒在容量瓶外面，导致所配制溶液浓度偏低　③保障溶质尽可能全部转移入容量瓶，减小实验误差

（5）液面距离容量瓶颈部刻度线1～2cm，溶液的凹液面与刻度线相切　偏高，偏低

（6）试剂瓶

【反思与讨论】

1. 细颈、梨形、平底的玻璃瓶。①温度②容积 ③刻度线。常见的容量瓶有50ml，100ml，250ml，500ml，1000ml。没有。

2. ①不能溶解固体；②不能稀释浓溶液；③不能加热；④不能用作反应容器；⑤不能长时间贮存溶液。由于容量瓶只有一个刻度线，是一个精密的仪器，容易受到温度变化影响定容时所测量的体积，进而影响溶液浓度。

3. 加水→倒立→观察是否漏水→正立→瓶塞旋转180度→倒立→观察是否漏水。

4. 因为没有480ml规格的容量瓶，根据特殊体积的近且大的原则（容量瓶的容积应等于或略大于所配溶液的体积）挑选500ml容量瓶，所以n=c×v=1 × 0.5=0.5mol。m=n × M=0.5 × 40=20.0g（考虑到托盘天平的精确度，数值需精确到一位小数）

5. 用烧杯代替滤纸并且快速称量，因为氢氧化钠具有腐蚀性，易潮解。

【关键能力】1.B 2.B 3.B

4.（1）B （2）用胶头滴管滴加蒸馏水至溶液凹面正好与刻度线相切（3）AC

第3实验单元　必修1第三章　铁　金属材料

1. P71【实验3-1】铁的氧化物的制备及性质

实验现象：（1）试管中生成红褐色沉淀。（2）试管中出现白色絮状沉淀迅速变成灰绿色，一段时间后有红褐色沉淀产生。

实验结论：（1）$FeCl_3+NaOH=Fe(OH)_3+3NaCl$

（2）$FeSO_4+2NaOH=Fe(OH)_2+Na_2SO_4$，$4Fe(OH)_2+2H_2O+O_2=4Fe(OH)_3$

【反思与讨论】

氢氧化亚铁容易被空气中的氧气氧化，要想长时间观察到氢氧化亚铁沉淀必须隔绝空气。试管中的沉淀最终变为红褐色说明有氢氧化铁产生。

2. P72【实验3-2】Fe^{3+}

Fe^{3+}的检验实验现象：（1）试管中的溶液变为血红色。（2）无明显现象。

实验结论：$FeCl_3+3KSCN=Fe(SCN)_3+3KCl$

【反思与讨论】

将试管中的溶液拿来过滤观察能否在滤纸上得到沉淀。

3. P73【实验3-3】Fe^{3+}和Fe^{2+}的转化

Fe^{3+}的Fe^{2+}的转化实验现象。（1）加入铁粉后溶液颜色由黄棕色变为浅绿色，滴入KSCN溶液无明显现象。（2）滴入氯水后溶液中出现血红色。

实验结论：（1）$2FeCl_3+Fe=3FeCl_2$

（2）$2FeCl_2+Cl_2=2FeCl_3$ $FeCl_3+3KSCN=Fe(SCN)_3+3KCl$

【反思与讨论】

铁粉可以将三价铁离子还原成二价铁离子，氯水可以将二价铁离子氧化成三价铁离子。锌和铜也可以还原三价铁离子，溴水和酸性高锰酸钾溶液可以氧化二价铁离子。

4. P74【探究实验】腐蚀印刷电路板

腐蚀印刷电路板实验现象：覆铜板洗净后发现油性笔书写的地方的铜得到保护，而没有被油性笔覆盖的地方铜被反应脱落。

实验结论：$2FeCl_3+Cu=CuCl_2+2FeCl_2$

【反思与讨论】

先往反应后的"腐蚀液"中加入过量的铁粉，反应后过滤。取滤液通入足量的氯气。

【关键能力】1. C 2. B 3. D

5. P82【实验3-4】 【实验3-5】铝及氧化铝的两性

P82【实验3-4】

实验现象：投入铝片后开始反应较慢，出现少量气泡，随着反应的进行气泡产生的数量和速率越来越快。用点燃的木条放在试管口有淡蓝色火焰。

实验结论：$2Al+6HCl=2AlCl_3+3H_2\uparrow$ $Al_2O_3+6HCl=2AlCl_3+3H_2O$

【反思与讨论】

用点燃的木条放在试管口有淡蓝色火焰。

P82【实验3-5】

实验现象：打磨过的铝片投入氢氧化钠溶液中后立即反应产生大量气泡，试管壁发热。未打磨过的铝片开始反应较慢，后逐渐加快，产生大量气泡，试管壁发热。用点燃的木条放在试管口有淡蓝色火焰

实验结论：$2Al+2NaOH+6H_2O=2Na[Al(OH)_4]+3H_2\uparrow$　$Al_2O_3+2NaOH+3H_2O=2Na[Al(OH)_4]$

【反思与讨论】2.$HCl+Na[Al(OH)_4]=Al(OH)_3\downarrow+H_2O+NaCl$　$Al(OH)_3+3HCl=AlCl_3+3H_2O$　开始滴加的盐酸与溶液中的四羟基合氯酸钠反应得到氢氧化铝白色沉淀，继续滴加过量的盐酸与氢氧化铝沉淀反应生成氯化铝沉淀消失。

【关键能力】1.B　2.除去油脂、溶解铝及其氧化物　$Al(OH)_4^-+H^+=Al(OH)_3\downarrow+H_2O$

6. P90【实验活动2】铁及其化合物的性质

【实验步骤】

1.溶液颜色变浅，铁丝表面附着有红色物质；$CuSO_4+Fe===FeSO_4+Cu$

2.(1)铜片被腐蚀，溶液由淡黄色变为蓝绿色；$Cu+2FeCl_3===2FeCl_2+CuCl_2$

(2)溶液由淡黄色变成棕色，加入淀粉后，溶液变蓝；$2Fe^{3+}+2I^-===2Fe^{2+}+I_2$

3.(1)溶液变为无色，锌片表面有黑色物质生成。$FeCl_2+Zn===ZnCl_2+Fe$

(2)溶液紫色褪去，溶液变红色。

$10FeSO_4+2KMnO_4+8H_2SO_4===5Fe_2(SO_4)_3+2MnSO_4+8H_2O+K_2SO_4$或$(5Fe^{2+}+MnO_4^-+8H^+===5Fe^{3+}+Mn^{2+}+4H_2O)$　$Fe^{3+}+3SCN^-===Fe(SCN)_3$

4.(1)溶液变红色，$Fe^{3+}+3SCN^-===Fe(SCN)_3$

(2)溶液无明显变化，$2FeCl_3+Fe===3FeCl_2$

【反思与讨论】

1.因为二价亚铁在空气中容易被氧气氧化，铁粉具有很强的还原性，可以保护硫酸亚铁不被氧化。

2.Vc防止二价亚铁被氧化，起到了还原剂的作用。

3.铁粉与空气里的氧气和水分反应放热。

4.铁单质与强氧化剂（如氯气、硝酸、浓硫酸等）生成高价态铁盐，与弱氧化剂（如硫单质、氢离子等）生成低价态的亚铁盐。

5.①取少量溶液于试管中，加入几滴硫氰化钾溶液，若观察到溶液变红色，则证明绿矾样品已被氧化。

②取少量溶液于试管中，，加入几滴酸性高锰酸钾溶液，若观察到溶液不褪色，则证明绿矾样品完全被氧化。

③取少量溶液于试管中，加入适量铁粉，可以防止绿矾溶液中的Fe^{2+}被氧化：$2Fe^{3+}+Fe==3Fe^{2+}$。

6. 实验现象：先无明显现象。加热会继续反应，生成红棕色气体和棕黄色溶液。

实验原理：室温，铁遇浓硝酸，表面形成致密的氧化膜保护膜，阻止反应进行。加热时保护膜受到破坏，反应继续进行。$Fe+6HNO_3（浓）===Fe(NO_3)_3+3NO_3\uparrow+3H_2O$

实验结论：室温，铁遇浓硝酸会发生钝化，加热下，铁与浓硝酸会发生氧化还原反应。

【关键能力】 1.B 2.B 3.A 4.C

第4实验单元 必修1第四章 原子结构与元素周期表

1. P100【探究实验】碱金属化学性质的比较

实验现象：（1）剧烈燃烧生成橙黄色物质，观察到紫色火焰。（2）钾迅速熔化成小球，四处游动发出响声，并有紫色火焰产生，溶液变为红色。

实验结论：（1）$K+O_2=KO_2$　（2）$2K+2H_2O=2KOH+H_2\uparrow$

【反思与讨论】

通过观察，同样条件下钾燃烧及与水反应的现象更为剧烈，钾的活泼性强于钠。从原子结构来看，钾的电子层数多于钠原子半径大于钠，钾的原子核对最外层的电子约束力小于钠，故钾更为活泼。

2. P109【探究实验】第三周期元素性质的递交

实验现象：（1）试管中的镁条表面有少量气泡产生，溶液微微变红。加热至沸腾可观察到镁条表面产生大量气泡，溶液变为红色。（2）加入盐酸后沉淀溶解，加入氢氧化钠溶液沉淀也溶解。（3）加入盐酸沉淀溶解，加入氢氧化钠溶液沉淀不溶解。

实验结论：（1）$Mg+2H_2O=Mg(OH)_2+H_2\uparrow$

（2）$Al(OH)_3+3HCl=AlCl_3+3H_2O$　$Al(OH)_3+Na(OH)=Na[Al(OH)_4]$

（3）$Mg(OH)_2+2HCl=MgCl_2+2H_2O$

【反思与讨论】2.通过实验我们可以看出Mg的金属性强于Al，第三周期的元素金属性从左至右逐渐减弱。比较金属的金属性可以通过置换反应，对应的碱的强弱，原电池的正负极等方法来鉴定。

【关键能力】 1. D 1. A 3. A

3. P122【实验活动3】 同周期、同主族元素性质的递变

【实验步骤】

1. （1）滴入浅黄绿色的氯水后，NaBr溶液呈橙黄色，NaI溶液呈黄褐色。

化学方程式：$2NaBr+Cl_2===2NaCl+Br_2$ $2NaI+Cl_2===2NaCl+I_2$。

（2）滴入溴水后，溶液变黄褐色。化学方程式：$2NaI+Br_2===2NaBr+I_2$。

2. （1）①烧杯中钠浮在水面上，熔成小球，四处游动，发出响声，溶液变红色，试管内镁条表面产生少量气泡，镁条周围溶液变为浅红色。

化学方程式：$2Na+2H_2O===2NaOH+H_2\uparrow$ $Mg+2H_2O===Mg(OH)_2+H_2\uparrow$

②有较多的无色气泡冒出，溶液变为浅红色

综述：由金属与水反应的剧烈程度：Na>Mg可知金属性：Na>Mg。镁与热水反应速率比冷水快。

（2）①产生白色沉淀。化学方程式：$MgCl_2+2NaOH===Mg(OH)_2\downarrow+2NaCl$。

②先产生白色沉淀，后白色沉淀溶解。

化学方程式：$AlCl_3+3NaOH===Al(OH)_3\downarrow+3NaCl$，$Al(OH)_3+NaOH===NaAlO_2+2H_2O$

综述：$Mg(OH)_2$不溶于NaOH溶液；$Al(OH)_3$溶于NaOH溶液，显两性，结论：碱性：$Mg(OH)_2>Al(OH)_3$；金属性：Mg>Al。综合以上实验可以得出：同一主族元素，从上到下，随着原子序数的增加，非金属性逐渐减弱，相应的金属性逐渐增强。同一周期元素，从左至右，随着原子序数的增加，金属性逐渐减弱，相应的非金属性逐渐增强。

【反思与讨论】

1. 因为新制氯水中含有Cl_2分子可以氧化NaBr和NaI溶液，氯水中存在$Cl_2+H_2O=HCl+HClO$的反应，氯水会随着HClO的分解，有更多的Cl_2与水反应，最终久置的氯水会变为稀盐酸，没有氯气分子，无法显现氧化性

2. 同主族从上到下元素的非金属性逐渐减弱，单质的氧化性逐渐减弱；同周期从左到右元素的金属性逐渐减弱。结构决定性质，同周期或同主族的原子半径呈现周期性变化，元素的性质也呈现周期性变化。

3. 不能。比较非金属性强弱应该比较最高价氧化物对应水化物的酸性强弱，而盐酸是HCl的水溶液，不是氯元素的最高价氧化物对应水化物的水溶液。

4. 因为Mg是强氧化剂，放在空气中有MgO生成，MgO是氧化物。氧化反应的速度比较慢，把镁条打磨光是为了让单质镁能够以最大的面积接触空气中的氧气。

5. 随原子核电荷数的增加，钠、镁、铝原子半径逐渐减小，原子失去电子的能力逐渐减弱，所以金属性逐渐减弱。

6. 金属与水与酸反应的剧烈程度（难易程度）；金属最高价氧化物对应水化物的碱性；金属间的相互置换；金属阳离子的氧化性强弱；原电池正负极材料活泼性。

【关键能力】

1. C　2. C

第5实验单元　必修2第五章　化工生产中的重要非金属元素

硫及其化合物的性质

P3【实验5-1】P4【实验5-2】P5【实验5-3】P6【实验5-4】P30【实验活动5】

1. P3【实验5-1】二氧化硫溶于水实验

实验现象：（1）观察到试管中液面上升；（2）观察到pH试纸呈红色，溶液呈酸性。

实验结论：二氧化硫可溶于水，且水溶液呈酸性。

【反思与讨论】

可逆反应的特征是具有反应限度无法反应物无法百分之百完全转化为产物。

2. P4【实验5-2】二氧化硫的漂白性

实验现象：往溶液中滴加品红溶液可观察到品红褪色，加热试管颜色又恢复。

实验结论：二氧化硫可漂白品红溶液，但是这种漂白具有可逆性。

【反思与讨论】

氯水的漂白性具有不可逆性，而二氧化硫的漂白具有可逆性颜色可恢复。浓硫酸与蔗糖反应。

3. P6【实验5-4】硫酸根离子的检验

实验现象：滴加$BaCl_2$溶液后三支试管都出现了白色沉淀，加入盐酸后装有Na_2CO_3溶液的试管中沉淀溶解并产生气泡，另外两支试管无明显现象。

实验结论：直接用$BaCl_2$溶液无法准确鉴别硫酸根离子。

【反思与讨论】

不能因为如果溶液中含有银离子也会出现相同的现象。

4. P5【实验5-3】　P8、P30【实验活动5】不同价态含硫物质的转化

（1）硫化钠转化为单质硫

实验现象：观察到试管中有淡黄色沉淀生成。

实验结论：$2Na_2S+3H_2SO_3=3S\downarrow+2Na_2SO_3+3H_2O$

（2）硫化钠转化为单质硫

实验现象：观察到溶液中有淡黄色沉淀生成，高锰酸钾溶液颜色褪去。

实验结论：$5Na_2S+8H_2SO_4+2KMnO_4=5S+5Na_2SO_4+8H_2O+2MnSO_4+K_2SO_4$

（3）浓硫酸转化为二氧化硫

实验现象：试管中的铜片溶解有气泡产生，溶液变为蓝色，装有品红溶液的试管中品红褪色。

实验结论：铜在加热条件下可以跟浓硫酸反应，生成SO_2。

$Cu+2H_2SO_4（浓）==CuSO_4+SO_2\uparrow+2H_2O$

（4）硫转化为硫化亚铁

实验现象：混合物保持红热状态，最后生成黑色固体。

实验结论：$Fe+S==FeS$

【反思及讨论】

1.氯气的氧化性强于硫，因为在同条件下氯气可将铁氧化至三价。

2.取少量黑色固体于试管中加入盐酸，固体溶解后取上层清液滴加KSCN溶液观察是否变色。

【关键能力】1.C　2.C　3.B　4.C　5.A　6.C　7.B　8.A

氮及其化合物

5. P13【实验5-5】二氧化氮溶于水的实验

实验现象：（1）气体无色。无明显现象。（2）产生红棕色气体，而后颜色逐渐变浅。

实验结论：NO不溶于水，NO_2易溶于水。

【反思与讨论】

1.略

2.$2NO_2+2NaOH==NaNO_3+NaNO_2+H_2O$

6. P13【实验5-6】氨溶于水、喷泉实验

实验现象：产生红色喷泉。

实验结论：氨气极易溶于水，且水溶液呈碱性。

【反思与讨论】

1.烧瓶内外有压强差。

2.HCl、SO_2等在水中溶解度较大的气体。

7. P14【实验5-7】铵盐与强碱反应

实验现象：产生具有刺激性气味的气体。湿润的红色石蕊试纸变蓝。

实验结论：反应的实质均为铵根离子与氢氧根生成氨气。

【反思与讨论】5.略

8. P15【实验5-8】硝酸与铜反应

实验现象：溶液变为蓝色（或者绿色），产生红棕色气体。

实验结论：铜与浓硝酸、稀硝酸均发生氧化还原反应，生产产物不同。

【反思与讨论】

若实验是制备NO、NO_2重点是尾气处理；若制备$Cu(NO_3)_2$，则用中间产物CuO与硝酸反应。

9. P17【研究与实践】测定雨水的pH值

【关键能力】

1. （1）稀盐酸；浓H_2SO_4　（2）$Ca(OH)_2+2NH_4Cl \xrightarrow{\triangle} CaCl_2+2NH_3\uparrow+2H_2O$，防止冷凝水倒流到管底部使试管破裂，干燥剂（干燥氨气）　（3）降低温度，使平衡正向移动提高产量

2. （1）检查装置气密性　（2）$Cu+4HNO_3(浓)\xmdash= Cu(NO_3)_2+2NO_2\uparrow+2H_2O$；反应变缓，气体颜色变淡（3）丙；耗酸量最少，无污染（4）向d中加入KBr溶液，c中加入固体$KMnO_4$，由a向c中加入浓盐酸；c中有黄绿色气体产生，d中溶液变为黄棕色；没有处理尾气

10. P29【实验活动4】用化学沉淀法去除粗盐中的杂质离子

实验现象：（2）烧杯中有白色沉淀；（3）无明显现象；（4）滴加NaOH溶液和饱和Na_2CO_3溶液都观察到有白色沉淀；（5）无明显现象；（7）有气泡产生。

实验结论：（2）$Ba^{2+}+SO_4^{2-}=BaSO_4\downarrow$；（4）$Mg^{2+}+OH^-=Mg(OH)_2\downarrow$ $Ca^{2+}+CO_3^{2-}=CaCO_3\downarrow$ $Ba^{2+}+CO_3^{2-}=BaCO_3\downarrow$；（7）$H^++OH^-=H_2O$ $2H^++CO_3^{2-}=H_2O+CO_2\uparrow$

【反思与讨论】

1. 先加入$BaCl_2$溶液再依次加入NaOH溶液和饱和Na_2CO_3溶液，也可以先加入$BaCl_2$溶液再依次加入饱和Na_2CO_3溶液和NaOH溶液。

2. 为了确保杂质离子的除尽所以需要加入过量，第七步加入盐酸是为了除掉残留的OH^-和CO_3^{2-}。

3. 第6步和第7步的操作顺序不能颠倒，先加盐酸会使沉淀$Mg(OH)_2$和$BaCO_3$重新溶解在溶液中无法过滤除去。

【关键能力】1. D　2. A

第6实验单元　化学反应与能量变化

1. 必修2，P32【实验6-1】放热反应

实验现象：

（1）20℃。（2）试管中有大量气泡产生，试管壁发烫。（3）58℃。

实验结论：镁与盐酸的反应为放热反应。

【反思与讨论】

放热反应有：①活泼金属与酸、水反应；②燃烧反应；③中和反应；④爆炸反应；⑤大多数化合反应；⑥自发发生的氧化还原反应（及原电池）；⑦特殊：电石与水反应。

放热过程有：①NaOH固体、浓H_2SO_4溶于水；②物质的三态变化：气→液→固。

2. 必修2，P33【实验6-2】吸热反应

实验现象：（1）有少量刺激性气味的气体产生。（2）烧杯变凉，小木片和烧杯粘在一起。

实验结论：该反应为吸热反应；反应产生了氨气。

【反思与讨论】

1. $Ba(OH)_2 \cdot 8H_2O + 2NH_4Cl == BaCl_2 + 2NH_3 \cdot H_2O + 8H_2O$

2. 吸热反应有：①大多数分解反应；②电解质的电离；③盐的水解反应；④电解反应；⑤C、CO、H_2高温下的氧化还原反应；⑥特殊：$Ba(OH)_2 \cdot 8H_2O$和NH_4Cl固体反应，$C(s) + H_2O(g) \xrightarrow{高温} CO(g) + H_2(g)$，$C(s) + CO_2(g) \xrightarrow{高温} 2CO(g)$、$N_2(g) + O_2(g) \xrightarrow{放电} 2NO(g)$、盐酸与碳酸氢钠反应等。

吸热过程有：①物质的三态变化：固→液→气；②NH_4NO_3固体溶于水。

3. 选择性必修1，P5【探究实验】中和反应反应热的测定

【实验方案】　$\Delta H = -\dfrac{0.418(t_2 - t_1)}{0.025} \text{kJ/mol}$

【反思与讨论】

1. 保温作用，防止热量散失，以提高测定的准确度。

2. 轻轻搅拌（或上下搅拌）。使反应物迅速混合，使反应充分进行，保持体系的温度均匀。

3. 防止残留的酸与碱反应，导致测量的t_2数据不准。

4. NaOH稍过量，确保盐酸完全反应。

5. $H^+(aq) + OH^-(aq) = H_2O(l)$　$\Delta H = -57.3 \text{ kJ} \cdot \text{mol}^{-1}$

【实验疑惑】

1. 不可以。原因是金属质环形搅拌棒易导热，造成实验过程中热量损失。

2. 不可以。浓硫酸溶解于水时放热，所测ΔH偏小，即$\Delta H < -57.3 \text{ kJ} \cdot \text{mol}^{-1}$。

3. 不可以。弱酸、弱碱电离吸热，所测ΔH偏大，即$\Delta H > -57.3 \text{ kJ} \cdot \text{mol}^{-1}$。

4. 偏小，偏小，偏大，偏小，偏小

【实验评价】

1. 实时监测温度变化过程。

2. 可提高体系的密闭性，减少热量损失。

3. ①实验中用温度计先后测量酸溶液、碱溶液及混合溶液的温度时，使用同一支温度计可减小实验误差，且测量完一种溶液后，温度计必须用水冲洗干净并用滤纸擦干。温度计的水银球要完全浸入溶液中，且要稳定一段时间后再记下读数。

②反应物应一次性迅速加入，且避免有液体溅出。

③实验操作时动作要快，尽量减少热量的损失。

④重复实验3次，取3次实验数据的平均值。

【必备知识】

1. 酸，碱；1mol 水；$1/2H_2SO_4(aq)+NaOH(aq)= 1/2Na_2SO_4(aq)+ H_2O(l)$ $\triangle H= -57.3kJ/mol$

2. 环形玻璃搅拌棒；碱稍过量；否；少；多；多

【关键能力】

1. C 2. A

3. （1）AD，0.5500 （2）$418(T_1-T_0)$ （3）①>② $-20.9(b-a)kJ\cdot mol^{-1}$ 或 $-41.8(c-a)kJ\cdot mol^{-1}$

（4）抑制 Fe^{3+} 水解；$Fe+2H^+=Fe^{2+}+H_2\uparrow$；将一定量的 Cu 粉加入一定浓度的 $Fe_2(SO_4)_3$ 溶液中反应，测量反应热，计算得到反应 $Cu+Fe_2(SO_4)_3=CuSO_4+2FeSO_4$ 的焓变 ΔH_1；根据（3）中实验计算得到反应 $Fe+CuSO_4=Cu+FeSO_4$ 的焓变 ΔH_2；根据盖斯定律计算得到反应 $Fe+Fe_2(SO_4)_3=3FeSO_4$ 的焓变为 $\Delta H_1+\Delta H_2$

（5）燃料燃烧（或铝热反应焊接铁轨等）

第7实验单元　原电池

1. 必修2，P36【实验6-3】铜锌（单液）原电池

（1）逐渐溶解，有气泡产生。锌片与稀硫酸反应，铜片不反应。

（2）逐渐溶解，有气泡产生。

（3）电流表指针偏转。有电流产生，形成原电池，化学能变电能。

【反思与讨论】

1.（1）负极：$Zn-2e^-=Zn^{2+}$　正极：$2H^++2e^-=H_2\uparrow$ （2）$Zn+2H^+=Zn^{2+}+H_2\uparrow$

2. 必修2，P37【探究实验】　简易电池的设计与制作

（1）二极管发光。活泼性不同的电极（铁—铜、铝—铜、铁—铝）和果汁（果汁内含果酸电解质）或食盐水形成原电池。

（5）灵敏电流计指针偏转，且指针偏转弧度较大。活泼性不同的电极和水果（电解质）形成原电池。可推出金属活动性：$Al>Fe>Cu$。

【反思与讨论】

（1）果汁作离子导体。

（2）两种金属材料活泼性差异越大，电势差越大，电能越高。

（3）①自发发生的氧化还原反应；②两个电极；③电解质溶液；④闭合回路。

3. 必修2，P56【实验活动6】　化学能转化成电能

【实验步骤】

1.（1）否，否，否；导线中没有电流产生。

（2）

实验现象	实验结论
溶解；无色气泡	$Zn+2H^+ = Zn^{2+}+H_2\uparrow$
溶解；产生无色气泡；无明显现象	结论：单质还原性；$Zn>H_2>Cu$；$Zn>Cu$。
溶解；产生无色气泡；无明显现象	结论：单质还原性；$Zn>H_2$；$Zn>C$
均没明显现象	Cu、C均不与H^+反应。

2. 原电池实验

实验材料	实验现象	实验结论
Zn、Cu、H_2SO_4	溶解；无色气泡；偏转	锌失去；铜表面；H^+；H_2
Zn、石墨、H_2SO_4	溶解；产生无色气泡；偏转	锌失去；石墨表面；H^+；H_2
Cu、石墨、H_2SO_4	铜均没明显现象　偏转	形成原电池

【反思与讨论】

1. 原电池的工作原理：氧化反应在负极上发生，还原反应在正极上发生，电子从负极出发，经导线定向移动到正极，从而形成电流。

原电池构成要素：（1）自发发生的氧化还原反应，（2）正负电极材料；（3）电解质溶液；（4）闭合回路。

组装时不要漏掉上面四个要素。

2. 能产生电流。铁的活性比铜强，他能与稀硫酸反应生成$FeSO_4$和H_2，是一个自发发生的氧化还原反应。

负极：$Fe-2e^-=Fe^{2+}$；正极：$2H^++2e^-=H_2\uparrow$；

电池总反应：$Fe+2H^+=Fe^{2+}+H_2\uparrow$。

【实验疑惑】

1. 一是锌片不纯，自身构成了微型原电池；二是锌片与H^+直接接触发生氧化还原反应产生H_2（化学能转化为电能损耗）。

2. 前者化学能变电能，后者化学能变热能。

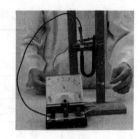

3. 如图所示，U形管中先注入一定浓度的$KMnO_4$溶液，再向两侧分别加入稀硫酸，插上Al、C电极，连接电流计形成通路。可观察到：铝片变薄，碳棒极表面产生无色气泡，电流计指针偏转，一段时间后U形管中靠近Al片一侧溶液紫红色加深，靠近碳棒一侧溶液颜色变浅。基于U管中颜色变化说明高锰酸根离子向负极Al一侧移动。得出实验结论：6.阴离子向负极移动，阳离子向正极移动。

【改进或创新实验（题）】

答案：通过实验（该实验视频见获省一等奖的创新实验微课）证明，均可形成原电池。

4. 选择性必修1，P94【实验4-1】 铜锌（双液）原电池

（1）锌片和铜片上均无变化。无闭合回路。

（2）锌片表面逐渐失去光泽，铜片上逐渐覆盖一层光泽的亮红色物质。电流计指针偏转，示数基本稳定。

锌片（负极）：$Zn-2e^-=Zn^{2+}$（氧化反应）；铜片（正极）：$Cu^{2+}+2e^-=Cu$（还原反应）；总反应：$Cu^{2+}+Zn=Cu+Zn^{2+}$。

（3）电流计指针回零，锌片和铜片上均无变化。无闭合回路。

【实验评价】

1.（1）盐桥中装有饱和的KCl、KNO_3等溶液和琼胶制成的胶冻。

（2）作用一：离子在盐桥中能定向移动，通过盐桥将两种隔离的电解质溶液连接起来，形成闭合回路。

作用二：盐桥中的阴、阳离子向两电解质溶液中迁移，由于浓度差产生的电位（液接电位）方向相反、大小相近，基本可以相互抵消（即平衡电荷），使电流持续、稳定。

作用三：使用盐桥可以将电池两极及相应电解质溶液完全隔开，使副反应

减至最低程度，获得单纯的电极反应，最大限度地将化学能转化为电能。

（3）盐桥中离子移动方向与电解质溶液中离子流向保持一致。

2. 双池原电池更稳定。在单池原电池工作过程中，由于锌片与$CuSO_4$溶液直接接触，很难避免锌片与$CuSO_4$直接发生反应，生成的铜附着在锌片上，在锌片表面构成了微小的原电池，既加速了锌片的腐蚀，又减小了向外输出的电流，能量转化效率低。

【必备知识】

二、原电池中电极反应的书写

	种类	酸性	碱性
氢氧燃料电池	负极反应式	$2H_2-4e^-\!=\!=\!=4H^+$	$2H_2+4OH^--4e^-\!=\!=\!=4H_2O$
	正极反应式	$O_2+4H^++4e^-\!=\!=2H_2O$	$O_2+2H_2O+4e^-\!=\!=4OH^-$
	总反应式	$2H_2+O_2\!=\!=\!=2H_2O$	
	备注	燃料电池的电极不参与反应,有很强的催化活性,起导电作用。	
甲烷燃料电池	负极反应式	$CH_4-8e^-+2H_2O\!=\!=\!=CO_2+8H^+$	$CH_4+10OH^--8e^-\!=\!=\!=CO_3^{2-}+7H_2O$
	正极反应式	$2O_2+8H^++8e^-\!=\!=\!=4H_2O$	$2O_2+4H_2O+8e^-\!=\!=\!=8OH^-$
	总反应式	$CH_4+2O_2\!=\!=\!=CO_2+2H_2O$	$CH_4+2O_2+2OH^-\!=\!=\!=CO+3H_2O$
甲烷燃料固体电解质（高温下能传导O^{2-}）	负极反应式	$CH_4+4O^{2-}-8e^-\!=\!=\!=CO_2+2H_2O$	
	正极反应式	$2O_2+8e^-\!=\!=\!=4O^{2-}$	
	总反应式	$CH_4+2O_2\!=\!=\!=CO_2+2H_2O$	
甲烷燃料熔融碳酸盐(如熔融K_2CO_3)环境下	负极反应式	$CH_4+4CO-8e^-\!=\!=\!=5CO_2+2H_2O$	
	正极反应式	$2O_2+4CO_2+8e^-\!=\!=\!=4CO$	
	总反应式	$CH_4+2O_2\!=\!=\!=CO_2+2H_2O$	

三、二次电池

1. $Pb+SO_4^{2-}-2e^-\!=\!PbSO_4$ ；$PbO_2+SO_4^{2-}+4H^++2e^-\!=\!PbSO_4+2H_2O$

2. $Cd+2OH^--2e^-\!=\!Cd(OH)_2$ ；$2NiO(OH)+2e^-+2H_2O\!=\!2Ni(OH)_2+2OH^-$

3. $Zn+2OH^--2e^-\!=\!ZnO+H_2O$ ；$Ag_2O+H_2O+2e^-\!=\!2Ag+2OH^-$

4. $Li_xC_6-xe^-\!=\!=\!=xLi^++6C$ ；$Li_{1-x}FePO_4+xLi^+\!=\!=\!=LiFePO_4-xe^-$

【关键能力】1. A 2. B 3. A 4. A

5.（1）①负 ②$C_nH_{2n+2}-(6n+2)e^-+(3n+1)O^{2-}\!=\!n\,CO_2+(n+1)H_2O$

（2）①正极 ②$12CO_2+18e^-+4H_2O\!=\!CH_3CH_2CH_2OH+9CO_3^{2-}$

6.AD 7.D 8.B 9.C 10.C 11.D 12.A 13.C

14. （1）< （2）除去 I_3^-，防止干扰后续实验 ； $[CuI_2]^- + 2NH_3 \cdot H_2O =$ $[Cu(NH_3)_2]^+ + 2H_2O + 2I^-$ 、 $4[Cu(NH_3)_2]^+ + O_2 + 8NH_3 \cdot H_2O = 4[Cu(NH_3)_4]^{2+} + 4OH^- + 6H_2O$

（3） $2Cu + I_2 = 2CuI$ 或 $2Cu + KI_3 = 2CuI + KI$ 白色沉淀逐渐溶解，溶液变为无色，铜与碘的反应为可逆反应（或 I_3^- 浓度小未能氧化全部的 Cu ）

（4）铜、含 $n\,mol\,I_2$ 的 $4\,mol \cdot L^{-1}$ 的 KI 溶液 （5）在实验 I 、实验 II 、实验 III 中 Cu^+ 可以进一步与 I^- 结合生成 CuI 沉淀或 $[CuI_2]^-$ ， Cu^+ 浓度减小使得 Cu^{2+} 氧化性增强，发生反应 $2Cu^{2+} + 4I^- = 2CuI\downarrow + I_2$ 和 $2Cu^{2+} + 6I^- = 2[CuI_2]^- + I_2$ 。

5. 选择性必修1，P123【实验活动5】 制作简单的燃料电池

【实验步骤】

1. 两石墨棒均产生气体，右侧石墨棒附近变红

$4H_2O + 4e^- = 2H_2\uparrow + 4OH^-$ $2H_2O - 4e^- = O_2\uparrow + 4H^+$

2.电流表指针发生偏转（或二极管发光，或音乐盒播放音乐）

$2H_2 - 4e^- + 4OH^- = 4H_2O$ $O_2 + 4e^- + 2H_2O = 4OH^-$

【反思与讨论】

1. 增强溶液的导电性。

2. 电解水生成氢氧燃料电池需要的氢气。为了实验安全，收集氢气时需要先验纯，要求氢气纯净。

【实验疑惑】

固定两个电极铅笔芯；海绵疏松多孔，可吸附电解产生的氢气和氧气，减少气体的逸散，使电池工作更加持久。

【关键能力】C

第8实验单元　选择性必修1　电解原理　金属的腐蚀及防护

1. P104【实验4-2】电解原理

实验现象：（1）无现象。（2）电流计指针发生偏转，阳极碳棒附近有黄绿色气泡产生，并有刺激性气味，湿润的淀粉碘化钾试纸变蓝，证明产生的气体是氯气；阴极碳棒底部有红色的固体覆盖。

实验结论：① $CuCl_2$ 溶液在电流作用下发生了化学变化，分解生成了 Cu 和 Cl_2。②电解过程电能转化为化学能。

阴极： $Cu^{2+} + 2e^- = Cu$ （还原反应）；阳极： $2Cl^- - 2e^- = Cl_2\uparrow$ （氧化反应）；总反应： $CuCl_2 \xrightarrow{\text{电解}} Cu + Cl_2\uparrow$

【反思与讨论】

1.

实验现象	现象分析
电流计指针发生偏转。	电解质溶液导电,形成了闭合回路。
阳极碳棒附近有黄绿色气泡产生,并有刺激性气味,湿润的淀粉碘化钾试纸变蓝。	Cl^-失电子,产生氯气。
阴极碳棒底部有红色的固体覆盖。	Cu^{2+}得电子,析出金属铜。

2. 阳极:$Cu - 2e^- = Cu^{2+}$（氧化反应）；阴极:$Cu^{2+} + 2e^- = Cu$（还原反应）。

2. P112【实验4-3】钢铁吸氧腐蚀实验原理

（1）小试管中导管口有气泡冒出。铁在酸性环境中发生析氢腐蚀,有气泡冒出说明有氢气产生。（2）导管中水柱液面上升,铁钉表面有铁锈生成。试管中氧气参与反应,使具支试管内气体压强减小,导致导管中水柱液面上升,铁在中性溶液中发生吸氧腐蚀。（3）两支试管中均有气泡生成,速率大致相同,锌粒慢慢溶解。锌粒与盐酸反应放出气体。（4）加入硫酸铜溶液的试管中产生气泡的速率明显加快。锌置换出铜,组成锌铜原电池,加快反应速率。

【反思与讨论】

1.一般情况下,铁在酸性较强的溶液中发生析氢腐蚀,在酸性较弱或中性溶液（溶有一定量氧气）中发生吸氧腐蚀。

2.如果用较浓的盐酸进行实验,生成气泡的速率很大,再加入硫酸铜溶液,生成气泡速率的变化不明显。如果用较稀的盐酸进行实验,生成的气泡肉眼几乎不可见。

3. P114【实验4-4】牺牲阳极法实验

（1）电流计指针偏转,Zn极缓慢溶解；Fe极周围无气泡产生。阳极（负极）$Zn - 2e^- = Zn^{2+}$、$O_2 + 4e^- + 2H_2O = 4OH^-$。

（2）没有产生蓝色沉淀；Fe未被腐蚀。

（3）A中靠近锌皮处的溶液颜色无变化,靠近裸露在外的铁钉处的溶液出现红色,因为锌的活动性强于铁,锌皮包裹处的铁不被腐蚀；B中靠近铜丝处的溶液出现红色,靠近裸露在外的铁钉处的溶液出现蓝色,说明有Fe^{2+}产生,因为铁的活动性强于铜,铁先被腐蚀。

【反思与讨论】

1. 酸化的3% NaCl溶液的pH不宜太小,否则Fe电极会有H_2产生。

2. 镀层破损后，白铁皮和马口铁均形成原电池。由于锌比铁活泼，故白铁皮中锌作负极失电子，被腐蚀，铁作正极，不发生腐蚀，从而受到保护；而铁比锡活泼，故马口铁中铁作负极失电子，被腐蚀。所以在镀层破损后，马口铁比白铁皮更易被腐蚀。

4. P122【实验活动4】简单的电镀实验

【反思与讨论】

1. 现象：铁制镀件溶解，铜片上折出红色物质。

通电后，阳极反应为 $Fe-2e^-=Fe^{2+}$，阴极反应为 $Cu^{2+}+2e^-=Cu$。

2. 控制电镀液的成分和浓度；控制电镀时间和电流密度；保持电镀设备的清洁；实施质量检测；提高员工技能和素质；建立完善的质量管理体系。

3. 目的：为了使镀层更加光亮。

配制方法：向 $1mol/L\ CuSO_4$ 溶液中边搅拌边滴加浓氨水，至溶液全部变为深蓝色的铜氨溶液，此时，放入洗净的新铁钉，几秒后取出，没有铜析出，表明所配制溶液中溶质的浓度适宜。

【实验疑惑】

电镀时最好使用新铁钉或用砂纸把铁制镀件打磨干净除去表面的铁锈，经水洗除去铁制品表层的尘污、碱洗除去油污、酸洗中和黏附的碱液、水洗除去残留的酸液，洗净后应立即进行电镀。

【必备知识】

2. 阳，阴

【关键能力】

1. A

2. （4）从右往左 （5） $2NH_3-6e^-+6OH^-==N_2+6H_2O$。

3. （1） Na^+；a

4. D　5. C　6. D　7. AB

第9实验单元　化学反应速率与化学平衡

1. 必修2，P57【实验活动7】 化学反应速率的影响因素

1. 浓度对化学反应速率的影响

实验现象：装有 $2mL0.1mol/L\ Na_2S_2O_3$ 溶液的试管在较短的时间就观察到白色沉淀和气泡，加入 $1mL0.1mol/L\ Na_2S_2O_3$ 溶液的试管观察到该现象要晚一些。

实验结论：在其他条件一致的情况下反应物浓度大的反应速率大于浓度小的；$Na_2S_2O_3+H_2SO_4=Na_2SO_4+SO_2\uparrow+S\downarrow+H_2O$

2. 温度对反应速率的影响

实验现象：放在盛有热水的烧杯中的试管观察到白色沉淀和气泡要快于放在盛有冷水的烧杯中的试管。

实验结论：在其他条件一致的情况下温度高的反应速率大于温度低的反应速率；$Na_2S_2O_3+H_2SO_4=Na_2SO_4+SO_2\uparrow+S\downarrow+H_2O$

3. 催化剂对反应速率的影响

实验现象：加入MnO_2粉末的试管反应的更为剧烈速率更快，加入1mol/$LFeCl_3$溶液的试管也可以观察到实验现象，未加入催化剂的试管未观察到明显现象。

实验结论：催化剂可以极大地提高反应的速率；$2H_2O_2=2H_2O+O_2\uparrow$

【反思与讨论】

在其他条件一致的情况下，温度越高化学反应的速率越快。铁与冷水或热水反应时温度较低反应速率很慢，而在红热的铁及水蒸气这个条件下反应速率较快。

【关键能力】

1. C　2. B

2. 选择性必修1，P26【探究实验】浓度对反应速率的影响

均变浑浊，先变浑浊，增大

3. 选择性必修1，P26【探究实验】温度对反应速率的影响

短，长，增大，减小

【反思与讨论】

对于可逆反应来说，升高温度，正、逆反应速率均增大，只是增大的程度不同；同理，降低温度，正、逆反应速率均减小，只是减小的程度不同。

4. 选择性必修1，P26【探究实验】催化剂对反应速率的影响

快，加快

5. 选择性必修1，P26【探究实验】探究不同的催化剂对反应速率的影响

快，二氧化锰、氯化铁均为反应的催化剂，均可以加快过氧化氢分解反应速率。

6. 选择性必修1，P26【探究实验】测量锌与硫酸反应速率

1分12秒，慢，38秒，快，其他条件相同时，浓度越大反应速率越快。

【反思与讨论】

1. 关闭分液漏斗活塞，往外拉动注射器活塞，若注射器活塞可以回到原位置，说明装置气密性良好。

2. Zn的状态（Zn粉还是Zn粒）、H_2SO_4溶液浓度。

3. 控制变量。

【实验疑惑】

1.（1）单位时间内收集氢气的体积；（2）收集相同体积氢气所需要的时间；（3）有pH传感器测相同时间内溶液中pH变化，即$\triangle c(H^+)$；（4）用传感器测$\triangle c(Zn^{2+})$变化；（5）测相同时间内$\triangle m(Zn)$；（6）相同时间内恒容压强变化；（7）相同时间内绝热容器中温度变化。

2. 科学研究中，对于多因素（多变量）的问题，常常采用只改变其中的某一个因素，控制其他因素不变的研究方法，使多因素的问题变成几个单因素的问题，分别加以研究，最后再将几个单因素问题的研究结果加以综合。这种变量控制的方法是科学研究中常用的方法。

①冒气泡快慢；②颜色变化快慢；③固体物质的减少快慢；④出现浑浊的快慢⑤温度变化等。

【改进或创新实验（题）】

3. 63秒，19秒，$MnSO_4$能加快反应速率，是该反应的催化剂。

4. 产生气泡快，产生气泡慢，Fe^{3+}的催化效果比Cu^{2+}的好。

5. 褪色慢，褪色较快，酶的催化具有高效性。

【实验评价】

1. 根据控制变量，最好使用1 mol/L $CuCl_2$。

2. 不同的催化剂对反应的催化效果不同，催化剂是有选择性的。

3. 高效性、专一性、温和性。

【关键能力】1. B　2.C　3.C　4. B　5.C　6.D　7.AB

7. 探究影响化学平衡移动的因素

一、1.（2）红色加深，红色加深，其他条件不变，增大反应物，正；（3）红色变浅，红色变浅，减小反应物，逆

2.（1）黄色加深，减小生成物，正　（2）橙色加深，增大生成物，逆

二、增大，变浅，变深，增大，变深，正反应

三、1.蓝，绿，吸热反应方向，恢复蓝色，放热反应方向

2.红棕色加深，红棕色变浅，吸，放

【反思与讨论】

1.橙色，黄色；均为+6价。

2.$Cr_2O_7^{2-}+H_2O \rightleftharpoons 2CrO_4^{2-}+2H^+$

3.更清楚地观察实验现象，排除实验误差。

4.不会移动。$FeCl_3$与KSCN在溶液中的反应，实质是Fe^{3+}与SCN^-的反应，K^+和Cl^-并未参加反应。

5.因为$2Fe^{3+}+Fe=3Fe^{2+}$，$c(Fe^{3+})$减小，$Fe^{3+}+3SCN^- \rightleftharpoons Fe(SCN)_3$，平衡逆向移动。

6.错误。因为存在平衡$2NO_2 \rightleftharpoons N_2O_4$。

【实验疑惑】

1.注意实验变量控制法，在探究浓度、温度等条件影响时，其他条件不变，只抓一个变量。

2.浓度、温度、压强等一个条件改变，平衡向着削弱改变这个条件方向移动。

3.不能，在这个平衡体系中，$[Cu(H_2O)_4]^{2+}$呈蓝色，$[CuCl_4]^{2-}$呈黄色，所以，这溶液呈绿色。

【关键能力】

1.C　2.D　3.D

第10实验单元　简单的有机物

1.烷烃和烯烃

1-1　必修2，P64【实验7-1】甲烷与氯气反应

实验现象：①试管内气体颜色逐渐变浅；②试管壁上有油状液珠；③试管液面逐渐上升；④试管中有白雾产生；⑤水槽中有白色晶体析出。

实验结论：氯气与甲烷反应生成不溶于水的CH_3Cl、CH_2Cl_2、$CHCl_3$、CCl_4有机物和HCl气体；HCl极易溶于水，使溶液中氯离子浓度过大，致使食盐水达到过饱和，从而析出晶体。

【反思与讨论】

1.因为甲烷和氯气的混合气体在强光照射下会发生爆炸。

2.不能。甲烷与氯气反应是连锁反应，一旦开始，第一步反应生成的 CH_3Cl 会立即与 Cl_2 继续反应。

【实验疑惑】

吸收反应生成的 HCl，促使反应正向进行；降低氯气在水中的溶解度。

1-2 必修2，P67【实验7-2】P68【实验7-3】乙烯与酸性高锰酸钾和溴的反应

实验现象：（1）高锰酸钾溶液褪色；（2）溴的四氯化碳溶液褪色。

实验结论：（1）乙烯与高锰酸钾发生了氧化反应；（2）乙烯与溴单质发生了加成反应。

【反思与讨论】

1.从结构来看，乙烯分子中存在不饱和的碳碳双键，甲烷分子中都是饱和的键，说明是碳碳双键使酸性高锰酸钾溶液和溴的四氯化碳溶液褪色。

2. $CH_2 = CH_2 + Br_2 \longrightarrow CH_2BrCH_2Br$

【实验疑惑】溴单质在水中的溶解度不如在四氯化碳中溶解度大；可能发生副反应，$Br_2 + H_2O = HBr + HBrO$，就不能证明一定是乙烯与溴单质发生加成反应而褪色。

【关键能力】

1.D 2.B 3.BD 4.C

2.乙醇与乙酸

2-1 必修2，P77【实验7-4】；选择性必修3，P7【实验1-1】乙醇与钠的反应

实验现象：

（1）钠先沉入试管底部，然后产生大量气泡，钠在乙醇溶液中上下跳动；钠的密度大于乙醇的密度（2）产生淡蓝色火焰。（3）澄清石灰不变浑浊。

【反思与讨论】

1. $2Na + 2CH_3CH_2OH \longrightarrow 2CH_3CH_2ONa + H_2 \uparrow$

2.因为钠的密度比乙醇大，开始时钠沉在试管底部，随着反应的进行，金属钠与乙醇充分接触，反应剧烈，产生大量氢气，释放的气体推动钠块上移。

2-2 必修1，P36【探究实验】；选择性必修3，P7【实验1-1】钠与水的反应

实验现象：（2）浮：钠浮在水面上；熔：钠熔成光亮的小球；游：钠在水面上四处游动；响：发出"嘶嘶"的响声；红：滴有酚酞的溶液变红。①小②低④碱性

【反思与讨论】

1.乙醇与Na反应比水与Na反应平缓。说明乙醇羟基中的氢原子比水中氢原子的活泼性差。

2.不能。需用干燥的沙土来灭火。

2-3　必修2，P78【实验7-5】乙醇的催化氧化

实验现象：（1）铜丝表面变为黑色；（2）铜丝变为光亮的红色，有刺激性气味的气体产生。

实验结论：$2Cu+O_2 \xrightarrow{\triangle} 2CuO$

【反思与讨论】

1. $2CH_3CH_2OH+O_2 \xrightarrow[\triangle]{Cu/Ag} 2CH_3CHO+2H_2O$

2. 乙醇还可以被酸性高锰酸钾或酸性重铬酸钾溶液氧化生成乙酸。

【实验疑惑】

为了方便观察反应过程中铜丝颜色的变化，从而也证明铜丝是催化剂，而且参与了反应。

【反思与讨论】

不是。只有醇羟基连接的碳原子上有活性氢原子才可以被氧化。伯醇氧化生成醛，仲醇氧化生成酮，叔醇不可以被氧化。伯醇是指与羟基相连的碳原子上有2个氢，结构简式为R-CH₂-OH。仲醇是指与羟基相连的碳原子上有1个氢，即R1-CH（R₂）-OH。叔醇是指与羟基相连的碳原子上有1个氢，即R1-C（R₂）（R₃）-OH（没有α-H的醇）。例如：

伯醇：$2CH_3CH_2OH+O_2 \xrightarrow[\triangle]{Cu/Ag} 2CH_3CHO+2H_2O$

伯醇：$2(CH_3)_2CHOH+O_2 \xrightarrow[\triangle]{Cu/Ag} 2(CH_3)_2C=O+2H_2O$

叔醇：$(CH_3)_3COH$ 不能发生催化氧化

【关键能力】

1. A　2. D　3. CD

3. 基本营养物质

3-1　必修2，P84【实验7-7】；选择性必修3，P103【实验4-1】；选择性必修3，P69【实验3-8】葡萄糖（乙醛）与新制氢氧化铜反应

实验现象：（1）生成蓝色絮状沉淀。（2）生成砖红色沉淀。

实验结论：（1）$2NaOH+CuSO_4=Cu(OH)_2\downarrow+Na_2SO_4$　（2）有 Cu_2O 产生。

【反思与讨论】

1. $CH_3CHO+2Cu(OH)_2+NaOH \xrightarrow{\triangle} CH_3COONa+Cu_2O\downarrow+3H_2O$

2. 新制氢氧化铜有大量氢氧化钠残留，显强碱性，氢氧化铜为悬浊状，反

应表面积大，反应更成功。久制氢氧化铜易分解为氧化铜，使反应看不到砖红色（此时为黑色）而使实验失败。

3-2　必修2，P86【实验7-7】；选择性必修3，P103【实验4-1】；
选择性必修3，P69【实验3-7】葡萄糖（乙醛）的银镜反应

实验现象：（2）先产生白色沉淀，后沉淀恰好溶解。

实验结论：

$AgNO_3+NH_3 \cdot H_2O = AgOH\downarrow+NH_4NO_3$

$AgOH+2NH_3 \cdot H_2O = Ag(NH_3)_2OH+2H_2O$

（3）试管内壁有光亮的银镜产生。有Ag产生。

【反思与讨论】

（1）$CH_2OH(CHOH)_4CHO + 2Ag(NH_3)_2OH \xrightarrow{\Delta} 2Ag\downarrow + CH_2OH(CHOH)_4COONH_4+3NH_3+H_2O$

（2）水浴加热可以控制温度，使银单质均匀覆盖在试管内壁上。直接加热不利于银镜的生成，温度过高易产生爆炸物质AgN_3，容易发生爆炸危险。

【实验疑惑】

1.银氨溶液未按要求现配现用；水浴加热过程中试管有晃动，未静止；所用的各种玻璃仪器可能未洗净。

2.乙醛很容易发生自聚反应生成三聚乙醛、四聚乙醛等，实验室开瓶久置后的乙醛，乙醛的含量较低，银镜反应很难进行。

3-3　必修2，P84【实验7-8】淀粉与碘反应

（1）土豆变为蓝色　淀粉遇碘变蓝

（2）有砖红色沉淀生成

【反思与讨论】

1.中和因水解含有的过量硫酸，制造碱性环境，检验淀粉水解产生的葡萄糖。

2.否。会发生$I_2 + 2NaOH = NaI + NaIO + H_2O$的反应，若$I_2$被反应完，就无法检验淀粉是否水解完全。

3-4　必修2，P86【实验7-9】；选择性必修3，P116【实验4-4】【实验4-5】
蛋白质的变性、显色

（1）先有沉淀产生，加入蒸馏水后，沉淀不溶解。蛋白质遇重金属离子、乙醇等化学试剂会发生变性。

（2）溶液变黄，加入蒸馏水后，溶液无明显变化。蛋白质遇浓硝酸会发生显色反应。

（3）有烧焦羽毛的特殊气味。蛋白质被灼烧时，会产生类似烧焦羽毛的特殊气味。

【反思与讨论】

使蛋白质变性分为化学因素和物理因素。化学因素：强酸、强碱、重金属的盐类、三氯乙酸、乙醇、丙酮、甲醛等。物理因素：加热、加压、搅拌、振荡、紫外线照射、超声波等。

3-5　选择性必修3，P115【实验4-3】蛋白质的盐析

实验现象：先有沉淀产生，加入蒸馏水后，沉淀溶解。

实验结论：蛋白质遇某些可溶性的盐，如：铵盐（NH_4）$_2SO_4$、轻金属盐Na_2SO_4、$NaCl$等，会盐析。

【反思与讨论】

盐析是可逆的，在蛋白质水溶液中加入中性盐，随着盐浓度增大而使蛋白质沉淀出来的现象，加入蒸馏水后，沉淀又溶解。蛋白质变性是不可逆的，受物理或化学因素的影响，改变其分子内部结构和性质的作用，加入蒸馏水后，沉淀不溶解。

【问题与讨论】

$BaSO_4$是一种不溶性的重金属盐且不与胃酸（盐酸）反应，$BaCO_3$在胃酸的作用下会溶解，重金属离子Ba^{2+}会使人体蛋白质变性而中毒，所以不能服用$BaCO_3$。

【关键能力】

1. D　2. B　3. B　4. D　5. C

6. （3）加过量银氨溶液，加热，出现银镜，说明有醛基；用盐酸酸化，过滤，滤液中加入溴水，若溴水褪色，说明有碳碳双键。

第11实验单元　选择性必修3　有机化学基础实验

1. 选择性必修3，P37【探究实验】乙炔的化学性质

实验现象：（1）产生大量泡沫；（2）硫酸铜溶液有黑色沉淀；（3）溴水褪色、高锰酸钾褪色；（4）明亮火焰，大量黑烟。

实验结论：（1）$CaC_2+2H_2O \rightarrow C_2H_2\uparrow+Ca(OH)_2$　（2）$CuSO_4+H_2S= CuS\downarrow+H_2SO_4$　（3）乙炔具有还原性，能使酸性高锰酸钾溶液褪色；乙炔能与溴发生加成反应。（4）乙炔含碳量高。

2. 选择性必修3，P44【实验2-2】苯和甲苯的性质比较

实验现象：（2）两支试管现象均为：分层，溴水在下层；振荡后，溶液分

层，上层为橙黄色，下层无色。(3) 苯中滴入高锰酸钾溶液后，溶液分层，酸性高锰酸钾溶液位于下层，振荡后，高锰酸钾溶液颜色无明显变化；向甲苯中滴入酸性高锰酸钾溶液，溶液分层，酸性高锰酸钾溶液位于下层，振荡后，高锰酸钾溶液颜色褪去。(4) 明亮火焰，大量黑烟。

实验结论：(2) 苯和甲苯均能将溴从溴水中萃取出来，溴与苯和甲苯未发生化学反应。

(3) 苯不与酸性高锰酸钾溶液发生化学反应，甲苯能与酸性高锰酸钾溶液发生化学反应。

3. 选择性必修3，P55【实验3-1】 P56【探究】卤代烃和NaOH溶液反应

实验现象：(1) 产生淡黄色沉淀 (2) 酸性高锰酸钾溶液褪色

实验结论：(1) 溴乙烷在5%NaOH溶液发生取代反应。(2) 1-溴丁烷在NaOH乙醇溶液发生了消去反应。

4. 选择性必修3，P61【实验3-2】乙醇的消去反应

实验现象：溴的四氯化碳溶液和高锰酸钾酸性溶液褪色。

实验结论：乙醇在浓硫酸作用下，加热到170℃，发生消去反应，生成乙烯。

5. 选择性必修3，P64【实验3-4【实验3-5】苯酚的性质

实验现象：(1) 得到浑浊溶液。(2) 溶液变澄清。(3) 溶液由澄清变浑浊。(4) 试管中出现白色沉淀。

实验结论：苯酚在水中溶解度较小，溶液显酸性，能与溴水发生化学反应。

6. 选择性必修3，P69【实验3-7、3-8】乙醛的性质

实验现象：(1) 产生光亮的银镜。(2) 产生砖红色沉淀。

实验结论：(1) 乙醛具有还原性，能被新制银氨溶液氧化。(2) 乙醛具有还原性，能被新制氢氧化铜悬浊液液氧化。

7. 选择性必修3，P75【探究】验证乙酸、碳酸、苯酚的酸性

实验现象：锥形瓶中产生气体，苯酚钠溶液变浑浊。

实验结论：酸性：醋酸>碳酸>苯酚。

8. 选修3，P77 乙酸乙酯在中性、酸性和碱性条件下的水解

实验现象：(1) 第一支试管较长时间内酯层厚度基本不变，乙酸乙酯气味很浓；第二支试管酯层厚度减小，略有乙酸乙酯的气味；第三支试管酯层基本消失，无乙酸乙酯的气味生；(2) A试管酯层消失的时间明显比B试管长。

实验结论：(1) 乙酸乙酯在中性条件下基本不水解；酸性条件下大部分水

解；碱性条件下全部水解。$CH_3COOC_2H_5+H_2O \underset{\Delta}{\overset{\text{稀硫酸}}{\rightleftharpoons}} CH_3COOH+C_2H_5OH$

$CH_3COOC_2H_5+NaOH \overset{\Delta}{\longrightarrow} CH_3COONa+ C_2H_5OH$

（2）适当升高温度，能加快乙酸乙酯的水解。

【反思与讨论】

因为在碱性条件下乙酸乙酯水解生成的乙酸与碱反应生成了乙酸盐，消除了乙酸乙酯水解平衡中的逆反应，使乙酸乙酯水解的平衡一直向正反应方向移动，即反应是不可逆的。

9. 选择性必修3，P130　淀粉的检验及淀粉酸性环境水解产物的检验

实验现象：（1）溶液变蓝；（2）淀粉是白色粉末状物质，没有甜味，不溶于冷水。在热水中淀粉会部分溶解，形成胶状的淀粉糊；（3）无明显现象；（4）第一份出现砖红色沉淀，第二份没有明显现象。

实验结论：（1）淀粉遇碘变蓝；（3）淀粉分子中无醛基，是非还原性糖；（4）淀粉的水解产物分子中含有醛基具有还原性，

（淀粉）$(C_6H_{10}O_5)_n+nH_2O \overset{\text{酸或酶}}{\longrightarrow} nC_6H_{12}O_6$

$CH_2OH(CHOH)_4CHO+2Cu(OH)_2+NaOH \overset{\Delta}{\longrightarrow} CH_2OH(CHOH)_4COONa+ Cu_2O\downarrow+3H_2O$，由于淀粉水解完全故遇碘无现象。

10. 选择性必修3，P108【实验4-2】纤维素水解及产物的检验

实验现象：出现砖红色沉淀。

实验结论：纤维素水解（纤维素）$(C_6H_{10}O_5)_n+nH_2O \overset{\text{酸或酶}}{\longrightarrow} nC_6H_{12}O_6$

$CH_2OH(CHOH)_4CHO+2Cu(OH)_2+NaOH \overset{\Delta}{\longrightarrow} CH_2OH(CHOH)_4COONa+ Cu_2O\downarrow+3H_2O$

【反思与讨论】

酸性介质。检验水解产物时应注意先加碱使溶液呈碱性。检验淀粉水解是否完全用碘液，而碘液在酸性介质才能有效检验。

11. 选择性必修3，P140【实验5-1】酚醛树脂的合成

实验现象：1.得到粉红色固体。2.得到黄色固体。

实验结论：

苯酚与甲醛在酸性或碱性条件下均可发生缩聚反应生成树脂，酸催化时

生成线性高分子，碱催化时可生成网状高分子。

【反思与讨论】

有机高分子合成主要有加聚和缩聚两种方式，加聚形成高分子需要单体具有双键，三键等不饱和结构，缩聚则需要单体具有可脱去的官能团如脱水缩聚。

12. 选择性必修3，P99【实验活动2】　P103【实验4-1】几种常见的官能团的检验

12-1　碳碳双键的检验

实验现象：1将溴水滴入试管中后观察到溴水的颜色褪去，溶液分层且下层溶液为无色；2将酸性高锰酸钾溶液加入试管后观察到高锰酸钾溶液的颜色褪去，有无色气泡冒出。

实验结论：

1. 1-己烯可与饱和溴水反应，$CH_2{=\!=}CH{-}C_4H_9+Br_2{\rightarrow}CH_2BrCHBr\,C_4H_9$

2. 1-己烯可与酸性高锰酸钾溶液反应，

$CH_2{=\!=}CH{-}C_4H_9+2KMnO_4+6H^+{\rightarrow}C_4H_9COOH+CO_2{\uparrow}+4H_2O+2K^++2Mn^{2+}$

【反思与讨论】

可逆反应的特征是具有反应限度无法反应物无法百分之百完全转化为产物。

12-2　卤代烃的检验

实验现象：①水浴加热后液体不再分层；②另一试管中有淡黄色沉淀生成。

实验结论：$CH_3CH_2CH_2CH_2Br+NaOH{\rightarrow}CH_3CH_2CH_2CH_2OH+NaBr$

$NaBr+AgNO_3{=\!=}AgBr{\downarrow}+NaNO_3$

12-3　酚羟基的检验

实验现象：1.试管中有白色沉淀产生；2.试管中滴加$FeCl_3$溶液后显紫色。

实验结论：1.

2. 略

12-4　醛基的检验

实验现象：加热后试管中出现砖红色沉淀。

实验结论：$CH_3CHO+2Cu(OH)_2+NaOHCH_3COONa+Cu_2O{\downarrow}+3H_2O$

12-5　阿司匹林片有效成分中羧基和酯基的检验

实验现象：2.试管中滴入石蕊后溶液红。3.滴入几滴$NaHCO_3$溶液后试管中有气泡产生，试管中滴加$FeCl_3$溶液后显紫色。

实验结论：2.溶液呈酸性。

3.

$$\text{（苯环）C(=O)-OH \ \ O-C-CH}_3 + H_2O \xrightarrow{H^+} CH_3COOH + \text{（苯环）C(=O)-OH \ \ OH}$$

$$\text{（苯环）COONa \ OOCCH}_3 + NaHCO_3 \rightarrow \text{（苯环）COOH \ OOCCH}_3 + H_2O + CO_2\uparrow$$

12-6 葡萄糖中官能团的检验

实验现象：1.试管中有银镜生成。2.先有蓝色絮状沉淀，加热后试管中出现砖红色沉淀。

实验结论：

1. $CH_2OH(CHOH)_4CHO + 2Ag(NH_3)_2OH \xrightarrow{\Delta} CH_2OH(CHOH)_4COONH_4 + 2Ag\downarrow + 3NH_3 + H_2O$

2. $CH_2OH(CHOH)_4CHO + 2Cu(OH)_2 + NaOH \xrightarrow{\Delta} CH_2OH(CHOH)_4COONa + Cu_2O\downarrow + 3H_2O$

【反思与讨论】

1.分别取少许四种物质于四支试管，向四支试管中分别加入溴水，振荡，静置，不分层的是乙醇，溴水褪色分层的的是1-己烯，分层上层为橙红色的是苯，分层，下层呈橙红色的是四氯化碳。

2.分别取少许上述溶液于四支试管，分别加入少许$FeCl_3$溶液，不分层的是1-丙醇和丙醛，溶液呈紫色的是苯酚，分层的是2-氯丙烷。再取1-丙醇和丙醛于两支试管，分别加入新制氢氧化铜溶液后加热，出现砖红色沉淀的是丙醛（也可加入溴水，溴水褪色的是丙醛）。

【关键能力】1. C

13. 乙酸乙酯的制备与性质

必修2，P80【实验7-6】P96【实验活动9】乙醇、乙酸的主要性质；
选择性必修3，P98【实验活动1】乙酸乙酯的制备

1.（1）试管发热 （2）浮于水面上油状液体 （3）有特殊香味。

【反思与讨论】

1.浓硫酸的作用是作催化剂和吸水剂；饱和碳酸钠溶液的作用是中和乙酸、吸收乙醇、降低乙酸乙酯在水中的溶解度。饱和碳酸钠溶液的液面上有无色透明的油状液体产生，并可闻到香味。乙酸和乙醇在浓硫酸的催化下共热可生成乙酸乙酯，其在常温下为无色油状液体，有香味，不溶于饱和碳酸钠溶液。

2. 向乙醇中慢慢加入浓硫酸和乙酸；浓硫酸密度比乙醇大，溶解时放出大量的热。为防止酸液飞溅，加入药品时应先在试管中加入一定量的乙醇，然后边加边振荡试管将浓硫酸慢慢加入试管，最后加入乙酸。防止倒吸。

3.
$$CH_3—\overset{\overset{O}{\|}}{C}—OH + H—O—C_2H_5 \underset{加热}{\overset{浓硫酸}{\rightleftharpoons}} CH_3—\overset{\overset{O}{\|}}{C}—O—C_2H_5 + H_2O$$

4. 不能。乙酸乙酯在 NaOH 溶液中可以水解。

5. 分液。分液漏斗。

【实验疑惑】

1. 硫酸的用量为醇用量的 3% 时即能起催化作用，当硫酸用量较多时，由于它能够起脱水作用而增加酯的产率。但硫酸用量过多时，由于高温时氧化作用的结果对反应反而不利。必修 2 中用 3mL 是催化剂和脱水剂。

2. 使平衡向生成物一方移动，使用过量的酸不好，因为酸不能与酯共沸。

3. 若滴加速率太快，则乙醇和乙酸未反应就随着酯和水一起蒸馏出，从而影响酯的产率。

4. 先将蓝色石蕊试纸湿润，再滴上几滴酯。

5. 不可用水替代饱和食盐水来洗涤粗产物中残留的碳酸钠，即饱和食盐水起盐析作用。

6. 酯层中含有少量未反应的乙醇，由于氯化钙可以与低级醇如甲醇、乙醇等生成络合物而溶于水中，所以使用 $CaCl_2$ 溶液除去少量未反应的乙醇。

7. 一种情况是反应是可逆平衡的，随着反应的进行，常用蒸出装置随时将产物蒸出，使平衡向正反应方向移动。另一种情况是反应产物在反应条件下很容易进行二次反应，需及时将产物从反应体系中分离出来，以保持较高的产率。蒸出反应装置有三种形式：蒸馏装置、分馏装置和回流分水装置。

【关键能力】

【教材汇总】

1. 必修 1：实验室制 Cl_2。

2. 必修 2：实验室制 SO_2、铜与浓硫酸反应、铜与硝酸反应、实验室制乙烯、氮气。

3. 选择性必修 1：定量测定影响反应速率的因素。

4. 选择性必修 2：蒸馏、实验室制乙炔、制溴苯、硝基苯、溴乙烷水解、1-溴丁烷消去、乙醇的消去、酚醛树脂制备。

5.初中实验：制氢气、二氧化碳。

【基础】实验基本操作

1. D　2. D　3. D　4.（1）球形冷凝管　（2）洗掉大部分硫酸和乙酸；洗掉碳酸氢钠　（3）d　（4）提高异戊醇的转化率　（5）干燥　（6）b

5.（1）作为溶剂、提高丙炔酸的转化率　（2）（直形）冷凝管；防止暴沸（3）丙炔酸；分液

（4）丙炔酸甲酯的沸点比水的高

6.（1）A（2）BD；分液漏斗、容量瓶　（3）充分析出乙酰水杨酸固体（结晶）（4）生成可溶的乙酰水杨酸钠（5）重结晶

第12实验单元　选择性必修1　水溶液中的离子反应与平衡

1. P58【实验3-1】盐酸与醋酸酸性强弱的比较

实验现象：

1，>1，强，弱，剧烈反应，产生气泡 缓慢反应，产生气泡

实验结论：HCl和CH_3COOH在水中的电离程度不同。HCl为强电解质，CH_3COOH为弱电解质。

【反思与讨论】

1. 不相同。pH越大，$c(H^+)$越小，$0.1\ mol \cdot L^{-1}$盐酸溶液中$c(H^+)$大。$0.1\ mol \cdot L^{-1}$盐酸溶液的pH=1，则$c(H^+)=0.1\ mol \cdot L^{-1}$，说明HCl完全电离；而$0.1\ mol \cdot L^{-1}$醋酸溶液的pH>1，则$c(H^+)<0.1\ mol \cdot L^{-1}$，说明$CH_3COOH$只有一部分发生了电离。

2. 溶液的导电能力与溶液中的离子浓度大小有关，离子浓度越大，导电能力越强；同浓度的盐酸和醋酸中，盐酸完全电离，离子浓度大，醋酸部分电离，离子浓度小，故同浓度的醋酸溶液的导电能力比盐酸的弱。

3. 等浓度的盐酸和醋酸与Mg反应的速率不同，说明了两种溶液中$c(H^+)$不相同。

2. P61【实验3-2】比较弱酸的相对强弱

实验现象：有气泡产生　CH_3COOH的酸性强于H_2CO_3；电离常数$K_a(CH_3COOH)>K_a(H_2CO_3)$

【反思与讨论】

$2CH_3COOH+CO===CO_2\uparrow+H_2O+2CH_3COO^-$

【实验疑惑】

1. 酸性：$CH_3COOH > H_2CO_3 > H_3BO_3$；电离常数：$K_a(CH_3COOH) > K_a(H_2CO_3) > K_a(H_3BO_3)$。

2. 酸性越强，电离常数越大。

【关键能力】

1. B 2. B

3. P91【实验活动2】强酸与强碱的中和滴定

实验现象：（1）①漏水 （2）③2~3滴 转动玻璃旋塞 摇动锥形瓶
红 无

【反思与讨论】

1. 酸式滴定管应打开活塞，快速放液以赶走气泡；碱式滴定管排气泡的方法见右图。

2. 大于25 mL。原因是尖嘴部分无刻度。

3. 滴定管在装标准液之前，需要用标准液润洗；锥形瓶在装待测液前，不能用待测液润洗。

4. 可选择甲基橙作指示剂。滴入最后半滴盐酸时，溶液由黄色变为橙色，且半分钟内颜色不再变化，则达到滴定终点。

【实验疑惑】

1. 不相同。酸碱恰好完全反应是指酸与碱按照化学计量数恰好完全反应，酸和碱都不剩余，此时溶液可能为中性，也可能为酸性或碱性；而滴定终点是指指示剂颜色恰好变化的点，二者不相同。酸碱恰好完全反应与滴定终点特别接近，在一般实验研究中不会造成大的误差。

2. （1）用滴定管测定酸碱溶液的体积，不能用量筒。因为量筒只能粗略量取液体体积，其精确度为0.1 mL，而滴定管的精确度为0.01 mL。

（2）①无色突变为粉红色 ②由红色变为黄色

【关键能力】

1. （1）$c_{待}$ （2）偏高，偏低，偏高，不影响，偏高，偏低，偏高，偏高，偏低，偏低，偏高，偏低，偏高

2. （1）不能 （3）不用 （4）甲基橙 酚酞

1. C 2. A 3. D 4. （1）AD

4. P71【探究实验】探究盐溶液的酸碱性

盐	NaCl	Na₂CO₃	NH₄Cl	KNO₃	CH₃COONa	(NH₄)₂SO₄
盐溶液的PH	7.00	11.45	5.87	7.00	8.65	5.79
盐溶液的酸碱性	中性	碱性	酸性	中性	碱性	酸性
盐的类型	强酸强碱盐	强碱弱酸盐	强酸弱碱盐	强酸强碱盐	强碱弱酸盐	强酸弱碱盐

【反思与讨论】

中性，碱性，酸性。

5. P75【探究实验】探究反应条件对 $FeCl_3$ 水解平衡的影响

影响因素	实验现象	解释或结论
温度	甲试管中溶液颜色明显加深，溶液的PH减小。	水解过程是吸热的，加热使水解平衡向正反应方向移动，生成更多的 $Fe(OH)_3$，颜色加深，$c(H^+)$增大，PH减小。
反应物的浓度	甲试管中溶液的颜色加深。	增大氯化铁浓度，水解平衡向正反应方向移动，溶液的颜色加深。
生成物的浓度	甲试管中溶液的颜色变浅。	增大氯化氢的浓度，水解平衡向逆反应方向移动，溶液的颜色变浅。
实验结论	其他条件相同时，增大反应物浓度或减小生成物浓度或升高温度，水解平衡向右移动；增大生成物浓度，水解平衡向左移动。	

【反思与讨论】

1. pH试纸不能润湿且不能直接伸进待测溶液中。

2. 仅根据盐溶液呈中性，无法判断该盐是否水解。例如：NaCl溶液呈中性，是因为NaCl是强酸强碱盐，不水解；而 CH_3COONH_4 溶液呈中性，是因为 CH_3COO^- 和 NH_4^+ 的水解程度相同，水解后溶液中 H^+ 和 OH^- 浓度仍相等。

3. $FeCl_3$ 为强酸弱碱盐，铁离子易水解生成氢氧化铁，配制氯化铁溶液过程中要防止氯化铁水解，所以加入一定量盐酸。

【关键能力】1. C   2. D

6. P82【实验3-3】沉淀的溶解

实验现象：加入蒸馏水的不溶解，加入盐酸的 $Mg(OH)_2$ 逐渐溶解。

实验结论：$Mg(OH)_2(s) \rightleftharpoons Mg^{2+}_{(aq)} + 2OH^-_{(aq)}$，加入盐酸后消耗了 OH^-，使 $Mg(OH)_2$ 的溶解平衡正向移动。

【反思与讨论】

1. 发生反应的方程式为：$Mg(OH)_2 + 2HCl = MgCl_2 + 2H_2O$

2. $Mg(OH)_2(s) \rightleftharpoons Mg^{2+}_{(aq)} + 2OH^-_{(aq)}$，加入盐酸后消耗了 OH^-，使 $Mg(OH)_2$ 的溶解平衡正向移动。

7. P83【实验3-4】沉淀的转化

【实验3-4】实验现象：(1) 出现白色沉淀。(2) 白色沉淀转化为黄色沉淀。(3) 黄色沉淀转化为黑色沉淀。

实验结论：溶解度小的沉淀可以转化为溶解度更小的沉淀。

【实验3-5】实验现象：(1) 出现白色沉淀。(2) 白色沉淀转化为红褐色沉淀。

实验结论：溶解度小的沉淀可以转化为溶解度更小的沉淀。

【反思与讨论】

1. $NaCl(aq)+AgNO_3(aq)=AgCl(s)+NaNO_3(aq)$

$AgCl(s)+KI(aq)\rightleftharpoons AgI(s)+KCl(aq)$

$2AgI(s)+Na_2S(aq)\rightleftharpoons Ag_2S(s)+2NaI(aq)$

$MgCl_2(aq)+2NaOH(aq)=Mg(OH)_2(s)+2NaCl(aq)$

$3Mg(OH)_2(s)+2FeCl_3(aq)\rightleftharpoons 2Fe(OH)_3(s)+3MgCl_2(aq)$

2. 沉淀生成或转化时，加入试剂的顺序颠倒，仍然能产生沉淀，但不能验证Ksp的大小。

【关键能力】

1. A 2. B 3. BC

8. P94【实验活动3】盐类水解的应用

现象	原理及离子方程式
①棕黄色溶液有少许沉淀。②沉淀溶解。	$Fe^{3+}+3H_2O\rightleftharpoons Fe(OH)_3+3H^+$；$H^+$抑制$Fe^{3+}$的水解
①澄清。②澄清。③浑浊。	$Fe^{3+}+3H_2O\rightleftharpoons Fe(OH)_{3(胶体)}+3H^+$ $Al^{3+}+3H_2O\rightleftharpoons Al(OH)_{3(胶体)}+3H^+$胶体的净水作用
一条光亮的通路。	$Fe^{3+}+3H_2O Fe(OH)_{3(胶体)}+3H^+$胶体丁达尔效应
①号内壁更干净。	$CO_3^{2-}+H_2O\rightleftharpoons HCO_3^-+OH^-$,碱使油脂水解的更彻底

【反思与讨论】

将$FeCl_3$晶体溶于稀盐酸，再加蒸馏水稀释至所需浓度。

【关键能力】

1. D 2. AC

3. （1）K_2CO_3 尽管加热过程促进了K_2CO_3的水解，但生成的$KHCO_3$和KOH反应仍为K_2CO_3

（2）$KAl(SO_4)_2$ 尽管Al^{3+}水解，由于H_2SO_4为难挥发性酸，最后仍然是$KAl(SO_4)_2$

（3）$BaCO_3$ 因$Ba(HCO_3)_2$在水溶液中受热分解：$Ba(HCO_3)_2\xrightarrow{\triangle}BaCO_3\downarrow+CO_2\uparrow+H_2O$

（4）Na_2SO_4 因为Na_2SO_3在蒸干过程中不断被氧气氧化而生成Na_2SO_4

（5）Al_2O_3 加热促进$AlCl_3$水解，且随水量的减少，HCl不断挥发，促使$AlCl_3$完全水解成$Al(OH)_3$，灼烧时发生以下反应：$2Al(OH)_3\xrightarrow{高温}Al_2O_3+3H_2O$

第13实验单元　结晶在物质制备和分离提纯中的应用
第一部分　教材实验再现　硫酸亚铁铵的制备

【问题与讨论】

1. $[(m_1-m_2)/56]\times132$

2. 硫酸亚铁铵晶体易溶于水而难溶于无水乙醇

3. $(NH_4)_2SO_4\cdot FeSO_4\cdot6H_2O$　蒸干的话，会失去结晶水，亚铁离子也易被氧化。

4. 适用于溶解度随温度升高而增大，降低而减小的物质。

选择性必修2，P96【实验3-3】$[Cu(NH_3)_4]SO_4\cdot H_2O$的制备

【问题与讨论】

加入乙醇后，溶剂极性减小，$[Cu(NH_3)_4]SO_4\cdot H_2O$的溶解度减小而析出。玻璃棒摩擦内壁，使内壁不再光滑，晶体更易附着而生长。

选择性必修3，P14【探究实验】重结晶法提纯苯甲酸

【问题与讨论】

1. 苯甲酸溶解速率慢，加热可以加快溶解速率。趁热过滤除去难溶于水的泥沙，同时可以降低苯甲酸损失。

2. 温度过低，杂质的溶解度也会降低，部分杂质会析出，达不到提纯苯甲酸的目的；温度极低时，溶剂（水）也会结晶，给实验操作带来麻烦。

3. （1）杂质在此溶剂中的溶解度很小或溶解度很大，易于除去；（2）被提纯的有机物在此溶剂中的溶解度，受温度的影响较大。

4. 防暴沸。

5. 苯甲酸的溶解度随温度的降低而减小，保温过滤可以防止降温苯甲酸析出而损失。

6. 过滤速度快，得到的晶体更干燥。

【关键能力】

二、模型应用

1. ①碱式氯化镁（氢氧化镁）　②过度蒸发导致氯化镁水解

2. a　e　d　c

3. 360K蒸发浓缩至出现晶膜，停止加热，高于333K冷却结晶，趁热过滤

4. （4）d a b a c e　　（5）C

5. （1） $2Al+2NaOH+2H_2O$ ═ $2NaAlO_2+3H_2\uparrow$

$AlO_2^-+CO_2+2H_2O$ ═ $Al(OH)_3\downarrow+HCO_3^-$

（2）BCD （3）⑥⑤④ （4）①增加c（Cl^-），有利于$AlCl_3\cdot6H_2O$结晶 ②溶液有强酸性，（会腐蚀滤纸） 浓盐酸 ③减压干燥（或低温干燥）

6. （1） $Na_2SO_4\cdot10H_2O+4C\xrightarrow{\text{高温}}Na_2S+4CO\uparrow+10H_2O$ （2）硫化钠粗品中常含有一定量的煤灰及重金属硫化物等杂质，这些杂质可以直接作沸石；降低温度 （3）防止硫化钠被氧化 D （4）防止氧化和溶剂挥发 重金属硫化物和煤灰 温度逐渐恢复至室温 （5）冷的95%的乙醇

后　记

　　实践是检验真理的唯一标准。化学实验不仅仅是一系列操作的简单执行，更是一个充满挑战、探索和创新的过程，是我们理解化学世界、验证理论、发现新知的重要途径。在探索化学反应奥秘的过程中，通过精确的实验设计，严格的操作流程，以及对实验数据的细致分析，确保实验的科学性和准确性。

　　本书反映了团队成员教师在高中化学实验教学中实践与探索的成果。我们通过尝试新的实验方法、改进传统实验流程，提高了实验的效率和准确性，打开了新的视野，也对实验在高中化学教学中的重要性有了更深层次的认识。

　　在撰写过程中，我们得到了攀枝花市第七高级中学校杨鸿、李刚、蔡晓晗、吴俊、赵均勇、牟厚均、戴德生、阎东等校领导，以及吴江、杨雷、王锴、张明学、潘莹、时金柱、李翠兰、郭刚、李丽娟等中层干部的大力支持，在此表示真诚感谢！

　　化学实验是一个永无止境的探索过程，每一次实验都是我们科学旅程中的一步。我们期待在未来的实验中，能够继续探索、实践和创新，为化学科学的发展贡献自己的力量。

编委会

2024 年 12 月